kinsun

YOL SENİN İÇİNDE

DESTEK
yayınları

DESTEK
MEDYA
GRUBU

DESTEK YAYINLARI: 1091
KİŞİSEL GELİŞİM: 183

KİNSUN / YOL SENİN İÇİNDE

İmtiyaz Sahibi: Yelda Cumalıoğlu
Genel Yayın Yönetmeni: Ertürk Akşun
Yayın Koordinatörü: Özlem Esmergül
Editör: Özlem Küskü
Son Okuma: Devrim Yalkut
Kapak Tasarım: İlknur Muştu
Sayfa Düzeni: Cansu Poroy
Sosyal Medya-Grafik: Tuğçe Budak - Mesud Topal

Destek Yayınları: Nisan 2019 (10.000 Adet)
11.-20. Baskı: Mayıs 2019
21.-40. Baskı: Temmuz 2019
41.-42. Baskı: Ekim 2019
43.-44. Baskı: Aralık 2019
45. Baskı: Kasım 2020
46.-49. Baskı: Ocak 2021
Yayıncı Sertifika No. 13226

ISBN 978-605-311-572-4

Abdi İpekçi Caddesi No. 31/5 Nişantaşı/İstanbul
Tel. (0) 212 252 22 42
Faks: (0) 212 252 22 43
www.destekdukkan.com
info@destekyayinlari.com
facebook.com/DestekYayinevi
twitter.com/destekyayinlari
instagram.com/destekyayinlari
www.destekmedyagrubu.com

Deniz Ofset – Çetin Koçak
Sertifika No. 48625
Maltepe Mahallesi
Hastane Yolu Sokak No. 1/6
Zeytinburnu / İstanbul

DESTEK yayınları KARAKARGA BEYAZ BAYKUŞ genç DESTEK

kinsun

YOL SENİN İÇİNDE

DESTEK
yayınları

Naz Eva'ma...

İÇİNDEKİLER

Olmaz dediğim
imkânsız kılıfı biçtiğim her şeyin
üstesinden birer birer geliyorum.
Her şey çok güzel olacak...

Önsöz

Uzun zamandır, insanları memnun etme
çabasından uzak, sadece kendimi arıyorum.
Kafam da oldukça rahat.

Birazdan kendime bir fincan kahve koyacağım.
Dünya ile aramdaki fişi çekip
her şey yolundaymış gibi davranacağım.
Kalemi elime alıp, kâğıt ile tanıştıracağım.
Bu andan itibaren yazılanlardan ve
okurken anladıklarından ben sorumlu değilim...

Okumaya başla.
Yola koyul.
Ama unutmadan:
"Yol senin içinde."

"Biliniz ki, kalpler ancak
Allah'ı anmakla huzur bulur."
Rad 28

Huzur, Bir Tutam Huzur

Huzur mu istiyorsun azizim?

Öncelikle şükretmeyi alışkanlık haline getir.

Kabullenmeyi öğren. Senin de bazen hata yapabileceğini kabullen mesela. İnsanları değiştiremeyeceğini, onları olduğu gibi sevmen gerektiğini kabullen.

Hakkında konuşulanlara asla kulak asma. Ağzı olan konuşmuyor mu zaten, uğraşma.

Nazik ol. İnsana, böceğe, kuşa... Çok değil. Yol kenarında uyuyan kediyi uyandırmamak için yolunu ya da bir karıncayı ezmemek için adımlarını değiştirecek kadar nazik mesela.

Herkesi sözünü tutacak sanma. Bu belki de en büyük hatan. Çünkü önüne gelen söz veriyor. Sözünün eri olmayan insanın sözünün ömrü, menfaati bitene kadar olur, unutma.

Herkesle tanış. Her kişi karşısındakini kendi gibi bilir. Bunu yapma. Bırak burnu havada desinler.

İnsanları sev, zaman ayır, değer ver. Ama herkese hak ettiği kadar.

Zengin edenin değil, sana mutluluk verenin peşine takıl.

Ve tüm söylenilenlerin üstünde, şunu her daim hatırla:

"Kalpler ancak Allah'ı anmakla huzur bulur."

Yüzleşebilmek

Çokça düşündüm, kendime şunu söyleyebilmek için:

"Sende olanı anlatmak zor olmasa gerek Kinsun. Sahip olduklarını okuyucuyla paylaşmak en kolayı. Dürüst ol ve yaşadığın ana kadar sana gurbette kalan ne varsa onu anlat da görelim bakalım."

Bu yüzleşme bana çoğumuzun bildiği bir anekdotu hatırlattı:

Tarih ile arası olsun olmasın, herkes az çok Fransız asker ve devlet adamı Napolyon Bonapart hakkında bir şeyler duymuştur. Fransa'ya önderlik ettiği gibi tüm Avrupa'yı da etkilemiş bir komutan olan Napolyon, İspanya'ya karşı savaştığı Yarımada Savaşları (İspanyol Bağımsızlık Savaşı) sırasında esir olarak aldığı bir generale efsane niteliğinde bir cevap verir.

"Siz para için savaşıyorsunuz, biz ise şerefimiz için savaşıyoruz!" der esir İspanyol general.

Napolyon gülerek cevaplar:

"Doğru, herkes kendisinde olmayan şeyler için savaşır."

Hayatı bir ıstırap olarak gören Alman filozof Arthur Schopenhauer aynı durumu farklı bir açıdan değerlendiriyor:

"Herkes, kendinde eksik olan şeyi sever."

Bu yüzden başlangıcı bana en uzak olanlarla; sahip olamadıklarımla ya da uygulamasını bir türlü beceremediklerimle yapmak istedim. Bunları bulmak, kendimi tamamlamak için savaşmaya karar verdim.

Sayfanın başında okuduğunuz satırlar aslında özeleştiri kendime. Napolyon'a göre kendimde eksik olduğu için savaştığım, Schopenhauer'a göre sevdiğim hususlar; yani *huzur*.

Siz de üzerinde biraz düşünüp kendinize pay çıkarın.

Neyin eksik?

Neyi seviyorsun?

?

Yavru deve bir gün annesine sormuş:
"Anne, bizim ne diye hörgücümüz var?"
"Yavrum!" demiş annesi:
"Çöl sıcağında susuzluğa katlanabilelim diye."
"Peki, anne..." demiş.
"Bizim toynaklarımız denen bu kadar büyük?"
"Yavrum!" demiş. "Çölde ayaklarımız kuma gömülmesin diye."
"Anne, bizim boynumuz neden bu kadar uzun?"
"Yavrum!" demiş.
"Çölde uzaktan gelen tehlikeleri erken fark edebilelim diye."
"Peki anne, Allah aşkına bizim hayvanat bahçesinde ne işimiz var?"

İnsanın kendinden başka gideceği neresi kaldı?
Nereye alıp başımızı, kaçacağız?

Kendini Bulabilmek

İnsanın bu dünyadaki en önemli ve en zor görevi "kendini bulmak"tır.

En büyük sorundur bu, en büyük sorudur zihnimizin en ücra köşesinde yosun bağlayan.

"İnsan kendine bir cevap olmak için yaşar" der Sezai Karakoç. Ve ekler: "Ama cevap için önce soruyu, alın yazısının tahtasına yazacak güç ve cesareti kendinde bulabilecek midir insan?"

Bulabilmelidir. İnsan hep sığ kıyılarda dolaşma durumunu riske atıp okyanuslara açılmadıkça, derinliklerinde gizlenmiş kendisine de rastlayamaz.

Bazen kendinden gitmek istersin. Kendine gelmenin mümkün olmadığı durumlar vardır çünkü. Bilirsin, ama tek adım atamazsın. Gidemezsin. Kalmak da istemezsin.

Araftasındır. Gitmek de zordur, kalmak da. En zoru da arada kalmaktır ama.

Bu nokta dönüm noktasıdır işte, kendini aramak, kendine rastlamak için.

"Zorunlu bir şey vardır. Yalnızlık, büyük iç yalnızlık. Kendine gitmek ve saatlerce kimseyi görmemek..." diyor Rilke. "Yapılması gereken işte budur."

Yalnızsındır. Ne anlamak, ne anlaşılmak için çaba sarf etmek istersin. Arafta kalan kişinin önlenemez yazgısıdır bu. Hayat hem siyahtır, hem beyaz. Hem buradasındır, hem olmak istediğin yerde. Bazen her yerdesindir, bazen hiçbir yerde.

Bu durumda yaşamı adımlarla ölçmek gerekebilir.

Kaç adım attın kendinden dışarı? Hiç düşündün mü? Hayatla arandaki mesafeyi belirler bu soru. Meraktan sormaz bunu insan kendine hiçbir zaman, telaştan sorar. Kendinden kaynaklandığını bildiğin, çevrende dönüp dolaşan tüm acabalara ve soru işaretlerine birkaç adım daha yakın bakabilirsen çok daha farklı olacak belki hayat.

Ve daha önemli bir soru var kendine sorman gereken: Kaç adım attın kendinden içeri? Bu soru da kendine ne kadar yabancı ve uzak olduğunu belirler.

Kendine rastlayan insan hayatın anlamını kavrar. Kendine ulaşamamış her insan yalnızdır, en kalabalık ortamlarda bile. İnsanın kendinden uzaklaşma isteği, ruhun kendisine yabancılaşması, toplumun dayattığı bir zorunluluktur biraz da. Kişinin kalabalıklar içinde sürüklendiği bir algı yanılsamasından başka bir şey değildir.

Yola çık ve adımlamaya başla hayatı, içe ve dışa doğru.

Hiç ummadığın yerde kendine rastlayacaksın, hazırlıklı ol.

İnsanı asıl üzen şey
mutlu olmayı hak ettiği düşüncesi belki de...

Mutluluk Nerede Saklı?

Sanırım benim mutsuzluğumun kökeninde depresif bir ruh haline sahip olmam yatıyor. Bu dünyaya bir İkizler burcu olarak gelmekle zaten mutluluk arayışında 1-0 hayata yenik başlamış gibi hissediyorum. Üstelik mutlu olmak bir çaba gerektirir ve ben çok üşengecim. Mutsuzluk ise kendiliğinden çat kapı gelir. Mutluluğum için çaba göstermeyi beceremediğim gibi, mutsuzluk sıfatıyla her içeri geleni de buyur etmek gibi kusursuz bir kusurum var.

Neyse, siz bana bakmayın. Olması gerekenlerden bahsedelim mi biraz?

Yunan mitolojisinde mutluluğu nerede aramak gerektiğini özetleyen çok güzel bir hikâye vardır.

Mitoloji ile alakalı olanlar bilir. Zeus da dahil olmak üzere, 12 baş tanrının evi ve birçok efsanenin merkezi olan Olympos Dağı'nda geçen bir hikâye bu. Ve hikâye bu ya, tanrılar Olympos Dağı'nda toplanmış, mutluluğun sırrını saklama kararı almışlar. İnsanlar bulduğu zaman onu, kıymetini bilsin istemişler.

Tanrılardan biri onu yüksek bir dağın tepesine saklayalım demiş.

Diğeri yerin yedi kat dibine gömelim ki erişemesinler diye önermiş.

Bir diğeri okyanusun en derinini göstermiş.

Nihayet bir tanrı en ilginç fikri sunmuş: Mutluluğun sırrını insanların yüreklerine gömelim. Nasıl olsa oraya bakmayı akıl etmezler!

Zihnimiz mutluluğu her yerde aramaya odaklanmışken, yüreğimiz ona sesini nasıl duyurabilir ki? Mutluluk bize altın tepside sunulan bir armağan değildir, insanın içdünyasında yaşanan bir şeydir.

O hissedilebilir bir durum olmaktan ziyade, bir yaşam tarzıdır.

Mutluluğun sırrı birçok şekilde gösterir kendini. Mutluluğun kaynağı sağlıktır kimine göre. Ailedir. "Özgürlüktür asıl mutluluk" der bazılarıysa. Mutluluk yakın çevredir bazen, bazense sevgidir. O, durmadan kahkahalar atarak yaşanılan bir ömür değildir. Aksine girilen savaşlarda, çatışmalarda sağ kalıp yaralarını sarmayı öğrenmektir, hayata yine kendin olarak devam edebilmektir her seferinde.

Dünyaca ünlü Amerikalı kişisel gelişim yazarı Wayne Dyer Walter, "Yanlış yöne bakıyorsunuz" diyor mutluluğu arayanlara. Çok uzaklara bakma. Belki de o, tam göz hizanda.

Sen onu içinde ara okuyucu. Mutluluğa giden birçok yol var. Kendine özgü olanı seç ve yola koyul hemen. Yol senin içinde. Unutma.

Mutluluğu yaşamın kendisi olarak göremeyen insanlar kapalı bir kutu içerisinde yaşamaya mecburdur. Onlar aslında daha doğmamıştır bile. Fiziksel olarak anne rahmini terk etmiş olsalar bile zihinlerinde hep bir hapishane ile yaşarlar. Hapishanenden kurtul.

Ve unutma, herkes kendine layık gördüğü kadar mutluluğa sahip olur.

Sen kendine neyi layık görüyorsun?

Anlayış önemli. Empati elzem.

Fark etmek olmazsa olmaz. Değer vermek kaçınılmaz.

Bunu ona nasıl yaptım, bu hale nasıl getirdim diye kendini sorgulayamayana; neden olduğu kırgınlığın, bıraktığı kalıcı hasarın farkında olmayana neyi nasıl anlatabilirsin ki diğer türlü?

Sana değer vermeyene, kaybetmekten korkmayana anlatamazsın.

Anlamaz.

Bu yüzden karşımdaki insan beni çok sevmese de olur. Öncelikle anlayışlı, saygılı olması ve her konuda konuşabileceğim birisi olması çok daha önemli.

Aşk bir mazeret bulup elbet bir gün tükeniyor.
Ama anlayış ve karşılıklı saygının çözemeyeceği
şey yok...

Aşk Biter mi?

Fırat Nehri'nin iki yakasında yaşanan aşk hikâyesini duyanlarınız vardır. Nehrin bir yakasında yakışıklı bir genç ile diğer yakasında yaşayan güzel bir kızı konu alır.

Gel zaman git zaman bu ikili birbirlerine âşık olurlar. Öyle bir aşk ki bu, delikanlı her gece sevdiğini görmek için Fırat'ın sularında yüzerek karşı kıyıya geçer, sabaha kadar sohbet ederlermiş. Havanın aydınlanmasına yakın bir zamanda âşık delikanlı sevgilisinden zor da olsa ayrılıp, kendini Fırat'ın azgın sularına bırakır ve evine geri dönermiş. Bu gecelerce sürüp gitmiş böyle.

Yine bir gece delikanlı Fırat'ı geçip sevgilisinin yanına gitmiş. Sohbetleri uzamış da uzamış. Şafak sökmüş bu sefer. Çocuk müsaade istemek için güzel kıza yaklaşmış. O ana kadar fark etmediği bir şeyin farkına varmış. Kıza dikkatle bakarak:

"Senin bir gözün kör müydü?" demiş şaşkın bir şekilde.

Kız o zaman delikanlıya bakarak:

"Evet..." demiş. "Evet ama gitme. Ne olursa olsun bugün Fırat'a girme..."

Delikanlı afallamış bir şekilde kızdan ayrılmış, Fırat'ın azgın sularına girmiş dönüş yolunda. Ve yüzme bilmediğinden boğularak ölmüş. Bizim âşık aslında yüzme bilmiyormuş, kıza karşı beslediği aşkın gücü sayesinde Fırat'ı geçermiş hep. O aşk bitince de malum...

Herkesin kullandığı ama kimsenin bilmediği bir kelime: Aşk. Belki de başka hiçbir yüzyılda bu yüzyılda olduğu kadar aşkı yazmadı yazarlar, aşk filmi çekmedi yönetmenler. Ve yine bu yüzyıldaki kadar ayaklar altına alınmadı aşk. Bildiğimizi sandığımız ne varsa onu oyuncağımız haline getirdik.

Herkes içinde aşk tohumları taşır. İçinde aşk tohumları yeşermiş bir insan her şeye karşı sevgi besler. Güzellik, cinsiyet, mevki, para gibi ötekileştiren vasıfları umursamaz. Ancak pek az insan bu tohumun yeşermesine şahit olur. Kalan herkes aşkı bildiğini sananlardır. Fırat'ı geçen ve sonunda Fırat'a yâr olan delikanlı gibi... Bu yüzden çevremizde âşıkların dolup taştığı ama aşkın nadir olduğu bir ortam görürüz.

Hz. İsa'ya sormuşlar:
"Ölü diriltmekten daha zor ne olabilir?"
"İfhamu men la yefhem" demiş.
"Anlamayana, anlatmak."
Anonim

Konuşmak Üzerine

Konuşmak ama nasıl?

Zor mesele: "Konuştuğu dinlenen kişi olabilmek." Hele bir de karşında dinleyenin yoksa... Öyle bir çağ ki ne konuşmak mümkün oluyor ne de anlaşmak. Halbuki bir insan bir insana neden ihtiyaç duyar ki başka?

"Konuşurken, dinleyende keşfetme zorluğunun verdiği zahmet ve meraka daima pay bırakmak, bu zevki onun elinden almamak lazımdır" diyor Peyami Safa.

Tabii 1950'lerde söylüyor bunu. İnsanların dinleme zahmetine girdiği zamanlarda. Sadece o değil, insanın insana değer verdiği zamanlarda. Şu an çoğu insanın en büyük hobisi: Üşenmek. Konuşanı keşfetme zahmetine kim girecek!

Konuşmak, gevelemek; duymak, dinlemek; bakmak, görmek...

Bunlar çok farklı eylemler. Herkes bir şeyler anlatıyor. Dikkat edin; aklı kıt olanın, sözü daha çok oluyor. Anlamak isteyene, seni hissedene, ufak bir açıklama yetiyor bazen. Bazı şeyleri yürekten hissedemeyenlere de, bazı gerçekleri kelimelerle anlatmak ne kadar zor oluyor değil mi? Hatta imkânsız.

Etrafınıza bir bakın. Herkes her şeyi biliyor. Bilmiyorum demek üç büyük günahtan biri sanki. Bu yüzden de söz sahibi olmaktan fikir sahibi olamıyoruz. Bazı zamanlarda da daha çok, senin ne anlatmak istediğin değil karşıdakinin ne anlamak istediği öne çıkıyor. Bir şeyi çok iyi bilmek onu anlatabilmek için yetmiyor bazen de. Anlatmak için birilerinin anlamasını umuncaya kadar bir de bakıyorsun almış başını gitmiş hayat.

Lafı fazla uzatmadan (!) kısa bir hikâyecik ile hedefe gidelim.

Farabi'ye sormuşlar:

"Lafı uzatanlara ne yapmak lazım?" diye.

O da şöyle demiş:

"Uzun konuşanı kısa dinlemeli."

Dervişe sormuşlar:
"En zor olan nedir?"
"Sözdür" demiş.
"Anlatması da zor, anlaması da."
Anonim

Peki, Nasıl Konuşmalı?

Profesörün biri konferans vermek için yola çıkar. Tam saatinde salona girer, ancak manzara pek de iç açıcı değildir. Salonda yalnızca bir kişi oturmakta...

Bir an için gurur yapıp salonu terk etmeyi düşünse de daha sonra bunun kendisini dinlemeye gelen kişiye saygısızlık olacağını düşünür. Gidip kürsüdeki yerini alır, fakat başlamadan önce salondaki tek dinleyiciye sorar:

"Beyefendi gördüğünüz gibi salonda sizden başka dinleyici yok. Ama siz bana değer verip buraya kadar gelmişsiniz. Anlatmamı isterseniz ben konferansı sizin için de sunarım. Ne dersiniz?"

Adam cevap vermiş:

"Vallahi hocam ben bilmem! Ben seyisim. Ahıra bir at da gelse, yüz at da gelse yem veririm!"

Profesör mesajı almış. Hatta aşka gelip anlattıkça anlatmış. İki saat sürmesi gereken konuşmayı üç saat anlatmış. Dört saat anlatmış. Beş saat anlatmış. Sonunda konuşması bitince adama sormuş:

"Beyefendi, konuşmamı nasıl buldunuz? Beğendiniz mi?

Adam cevap vermiş:

"Vallahi hocam ben bilmem! Ben seyisim. Ahıra bir at da gelse, yüz at da gelse yem veririm! Ancak, ahıra bir at gelirse diğer doksan dokuz atın yemini de o ata vermem."

Genelde anladığını duymaya meyillidir herkes. Konuşmak bir kat daha önem kazanır bu yüzden. İnsan söyleyecek bir şeyleri varsa konuşmalı, bir şey söylemek zorunda olduğu için değil. Hedefinden sapan, yersiz, yetersiz konuşmalar bir oyalama ve vakit geçirme aracından başka bir şey olmaz çünkü o vakit.

Ağzımızdan çıkan her sözün tek bir hedefi olmalı: Anlaşılmak.

Bunu başarmak için en kısa, en sade ve en etkili yolu kullanmalıyız. Düşünmeden yapılan her konuşma bu hedeften uzaklaşmamızı sağlar. Nasıl konuşulması gerektiğine dair birçok düşünce var. Ve Kuran-ı Kerim'de de nasıl konuşulması gerektiği üzerine birçok ayet var. Bazılarına göz atıp fikir edinebiliriz:

Güzel konuş:

"Herkese güzel sözler söyleyeceksiniz..."

Bakara 83

Adaletli konuş:

"Konuştuğunuz zaman yakınınız bile olsa adil olun..."

Enam 152

*Zarif konuş:**

"Onlara tatlı ve güzel söz söyle..."

İsra 23

Yumuşak konuş:

"O zaman onlara yumuşak bir söz söyle..."

İsra 28

"Ona yumuşak söz söyleyin..."

Taha 44

Doğruyu konuş:

"Yalan sözden sakının..."

Hac 30

"Doğru söz söyleyin..."

Ahzab 70

Gerçeği konuş:

"Boş sözlerden yüz çevirirler..."

Müminun 3

Alçak sesle konuş:

"Sesini alçalt..."

Lokman 19

Açık konuş:

"Gizli konuşmaktan yasaklandılar..."

Mücadele 8

"Kanunlara dayanan adli muhakemelerden daha büyük bir muhakeme vardır ki bu da her kişinin kendi vicdanıdır."
Mahatma Gandi

En Kısa Anayasa

Yüzyıllar boyunca birçok yazılı kanun, anayasa hazırlanmış, güncellenmiş veya değiştirilmiştir. Bunların başında, tarihin en eski ve en iyi korunmuş yazılı kanunlarından biri olan ve MÖ 1760 yılı civarında Mezopotamya'da ortaya çıkan Hammurabi kanunları gelir dersek sanırım yanılmış olmam.

İslam Devleti'nin ilk anayasası olarak kabul görülen, Müslümanların hak ve sorumluluklarını, ayrıca başta Yahudiler olmak üzere Medine'de yaşayan herkesin hak ve sorumluluklarını ihtiva eden Medine Vesikası da Hz. Peygamber'in (sav) Medine'ye varır varmaz ilk olarak yaptığı işlerden biridir.

Daha yakın tarihimize göz attığımızda, dünyadaki ilk anayasanın yazılı olarak 1781 yılında Amerika Birleşik Devletleri'nde düzenlendiği de kabul edilebilir. Ancak 15 Haziran 1215 tarihinde İngiltere'de imzalanan Magna Carta (Büyük Özgürlükler Sözleşmesi) da ilk anayasa olarak kabul edilebilmekte ve tarihi anayasal süreçte, hak ve özgürlüklerin düzenlenmesinde önemli bir yer tutmaktadır.

Ve elbet ilk yazılı anayasamız olan 23 Aralık 1876 tarihli *Kanun-i Esasi* de Türk tarihinin önemli dönüm noktalarındandır.

Gelelim asıl konumuza. Tarih ile arası çok iyi olmayan birisi olarak ne kendimi ne de sizi boğmak niyetindeyim. Hazırlanan sayısız yazılı-sözlü anayasa ve kurallardan burada bahsetmekle konunun bitmeyeceği çok net. Bu yüzden tüm bu yazdıklarımı özetleyecek ufak bir hikâyeciği sizlerle paylaşayım.

Zamanın birinde dünyanın en kısa anayasasını yazmak için üç bilge bir araya gelir. İnsanın hareketlerine ve davranışlarına hükmeden kuralları bulan kişi, dünyanın en bilge kişisi seçilecektir.

Bilgelerden biri tek cümlelik; kısa ve öz bir kural savunur:

"Allah suçluları cezalandırır."

Fakat diğerleri itiraz ederler, bunun bir kanun değil bir tehdit olduğunu söyleyerek. İlk teklif kabul edilmez dolayısıyla.

"Allah sevgidir" der ikinci bilge.

Ama bu teklif de insanın görevlerini tam anlamıyla açıklamadığı için kabul görmez.

Sonra üçüncü bilge tane tane şu teklifte bulunur:

"Kendinize yapılmasını istemediğiniz şeyi, başkalarına yapmayın" der ve ilave eder:

"Kanun budur; gerisi sadece yoruma kalmıştır."

Diğer bilgeler de bu teklifi kabul ederler ve o bilge zamanın en bilge kişisi seçilir.

Bu hikâyenin üzerine fazla bir şey söylemek anlamsız olur. Ancak yukarıda hep devlet gücüyle oluşturulan beşeri kanundan bahsettik. İnsanın hak ve hürriyetlerini düzenleyen bu kanunların ancak insanın ruhu üzerinde hâkimiyetinden bahsedemeyiz. Burada "ilahi" kanundan, yani Allah Teâlâ'ya, peygamberlerine, gaibe ve ahirete imanı, kulun Rabb'i ile olan ilişkisini, hayatın çeşitli düzenlemelerini içeren kanunlardan bahsedebiliriz.

Beşeri ve ilahi kanunlara uymak toplumsal düzenin en iyi şekilde devam ettirilmesini ve korunmasını sağlar. İster ilahi ister beşeri kurallar olsun, düzeni sağlayan en önemli faktör sanırım insanın vicdanıdır. Gelmiş geçmiş en büyük yasa koyucu, unutmamak gerekir ki, insanın kendi vicdanıdır. Bir insan kendisi için istediğini karşısındaki insanlar için de istediği zaman, anayasanın en temel halini oluşturmuş oluruz.

Sevgi...

Ben bu kelimeyi çok duydum

çok da arar oldum.

Gerçek sevgi eylem gerektirir.

İcraat ister.

Banyo kapısının arkasındaki çalı süpürgesi de

beni seviyor olabilir mesela değil mi?

Varsa bile gizlenen, gösterilmeyen sevginin

hiçbir değeri, hiçbir önemi yok benim gözümde.

"Sevdiğinize, sevginizi hissettirin."

İkili ilişkilerde ilk kural:
Önce kendinden ne kadar
feda edebileceğini hesapla.

İkili İlişkiler Üzerine

Sanki kendi ilişkilerimde her şey yolunda gidiyormuş edasıyla bu konuya değinmem ne kadar manidar. Ama bilirsiniz işte, terzi kendi söküğünü dikemiyor.

Aslına bakarsanız oldukça yol kat ettim de diyebilirim. İkili ilişkilerimde Marcus Aurelius'un şu sözünü benimsediğimden beri daha sağlıklı şekilde yaşamaya başladım sanırım:

> *"Eğer bir dış etken sizi üzerse, duyduğunuz acı o şeyin kendisinden değil, sizin ona verdiğiniz değerden geliyordur, onu da her an ortadan kaldırma gücünüz vardır."*

Çok basit gibi görünüyor değil mi? Ama iplerin benim elimde olduğunu bunun sayesinde fark ettim.

Yaşadığım ilişkiler neticesinde kendime not aldığım ve elbet devamında hiç uygulayamadığım benim "olmazsa olmaz"larımı sizin için de yazayım. Belki siz başarabilirsiniz.

- İkili ilişkilerde ilk kural: Önce kendinden ne kadar feda edebileceğini hesapla. Çünkü her ilişki fedakârlık üzerine kurulur.
- İkili ilişkilerde ikinci kural: Hayatında karışıklık istemiyorsan eşyaları aldığın yere, insanları hak ettikleri yere koy.

- Sadakat elzem. Yalnız unutmamak gerekir: Asıl sadakat zihinde başlar, bedende değil.
- Mutluluğu önce kendinde ara. Kendi ile barışık olamayan birisinin başka insanlarla sağlıklı bir ilişki kurması imkânsızdır.
- Karşındakini değiştirmeye çalışma. Onu olduğu gibi kabullen.
- Senin de hata yapabileceğini kabullen.
- Ve son madde: Denge. Unutma. Mutlu ilişkilerin diğer bir olmazsa olmazı dengedir.

Denge demişken, ormandaki çaresiz kirpilerin hikâyesini çoğunuz bilirsiniz. Ormana kış çok sert gelmiş. Hayvanların çoğu soğuktan telef olmuşlar. Bu soğuktan en çok etkilenen hayvanlardan biri de kirpiler olmuş. Kendilerini koruyacak kürkleri olmadığı için donarak ölüyorlarmış. Kirpiler bu duruma bir çare bulmak için toplanmışlar bir gün. Geceyi birbirlerine sokulup uyuyarak geçirmeye karar vermişler. O geceyi hepsi birbirlerine çok yakın geçirmişler, vücut ısılarından yararlanmak için. Ama kısa bir süre sonra iğneleri ile birbirlerini yaraladıklarını görüp ayrılmak zorunda kalmışlar. İğneleri birbirlerine battığı için yaralanıp ölenler bile olmuş.

Ertesi gün tekrar uzaklaşmışlar. Bu defa da donanlar olmuş yine. Bu ayrılıp birleşme durumları, birbirlerine zarar vermeden yaklaşabilecekleri mesafeyi bulana kadar böyle sürmüş. Sonunda birbirlerine zarar vermeyecek kadar yakın, birbirlerinin vücut ısısından yararlanacak kadar uzak durmayı öğrenmişler.

İlişkiler de böyle işte. Hayatta her şey bir denge üzerine kurulmuştur. Denge yaşam demektir. Denge bozulunca yaşama dair her şey altüst olur. İlişkilerde de birbirimize ve ilişkiye en az zararın verileceği ve en fazla faydanın sağlanacağı bir mesafe belirlemek en önemli olmazsa olmazlardandır.

Canın her sıkıldığında
kendine hep şu soruyu sor:
Sevgi olsa ne yapardı?

Üç Soru

Kralın biri kafasını kurcalayan üç tane sorunun cevabına ulaşabilirse hayatta her türlü başarıyı elde edebileceğini düşünüyordu. Cevabını aradığı bu üç soru şöyleydi:

1. Bir işe başlamak için en uygun zaman hangisidir?
2. En gerekli/önemli kişi kimdir?
3. Her zaman yapılması gereken en önemli şey nedir?

Kral tüm bilgeleri huzurunda topladı. Ancak sorularına her bilgeden farklı cevaplar geldi. Örneğin; en gerekli/önemli kişi bazı bilgelere göre kralın danışmanları, bazılarına göre papazlardı. Hatta bir kısmına göre hekimler; bir kısmına göre ise savaşçılar olmalıydı. Verilen tutarsız cevaplardan tatmin olmamıştı kral. Hal böyle olunca, bilgeliğiyle ünlü bir münzeviye danışmaya karar verdi.

Ancak bu münzevi sıradan, basit insanlarla konuşur, saray erkânı ile tek laf etmezdi. Bir ağaç kovuğunda yaşar, yanına basit yaşamı olan halktan başkasını kabul etmezdi. Bunu öğrenen kral üstüne sade elbiseler giyerek halktan biriymiş gibi bilgenin karşısına çıkmak için yola koyuldu. Münzevinin yaşadığı kovuğa yaklaştığında atından indi ve muhafızlarını indiği yerde bırakıp yola devam etti. Kral vardığında, münzevi bahçeyi çapalıyor, çiçek dikmeye hazırlanıyordu. Kralı görünce selamlayıp kazmaya devam etti. Kral yanına gelip sorularını sordu, ancak bilge ona cevap vereceği yerde işini yapmaya devam etti. Cılız ve kuvvetsiz olan bilgeye yardım etmek için küreği istedi kral. "Yoruldunuz..." dedi. "Küreği bana verin de biraz dinlenin." Bilge itiraz etmeden teşekkür etti ve yere oturdu.

Kral bir iki kazdıktan sonra sorularını tekrarladı. Ancak münzevi hiç oralı olmayıp, "Biraz dinlenin; bir parça da ben çalışayım" diyerek küreği geri istedi. Kral küreği geri vermeyip uzunca bir süre kan ter içinde çalışmaya devam etti. Sonunda dayanamayıp bilgeye döndü ve "Ey münzevi, senin yanına sorularıma cevap bulmak için geldim. Cevap vermeyeceksen, söyle de gideyim" dedi.

Tam o sırada ormandan, karnından yaralanmış bir adam onlara doğru koşuyordu. Kralın yanına ulaşınca, inleyerek bayılıp yere düştü. Münzevinin de yardımıyla kral bu adamın hemen yaralarını sardı, yatağa yatırdı, dereden su getirip ona verdi. Bu arada akşam olmuş, hava soğumuştu. Vakit çok geç olduğundan yaralı adam geceyi münzevinin evinde geçirdi.

Sabah olup kral uyandığında "Beni affedin" dedi, zayıf bir sesle yaralı adam. İtirafta bulundu: "Sizin kral olduğunuzu biliyorum. Siz malımızı mülkümüzü elimizden aldınız ve ağabeyimi de idam ettirdiniz. Ben de peşinizden buraya kadar geldim. Ağabeyimin intikamını almak için sizi öldürecektim. Fakat adamlarınız beni fark etti ve yaraladılar. Onlardan kaçıp buraya sığındım ve siz de benim hayatımı kurtardınız. Artık huzurunuzda size bağlılık sözü veriyorum; şimdiden sonra en sadık köleniz olup size hizmet edeceğim. İzin verirseniz gideyim" dedi ve oradan ayrıldı.

Adam gittikten sonra kral bilgeye üç soruyu yeniden sordu. "Anlayamıyorsunuz" diye cevapladı bilge.

"Dün eğer bana yardım etmeseydiniz, buradan ayrılacak ve şu adamın saldırısına uğrayacaktınız. Dolayısıyla en önemli vakit, toprağı kazdığınız vakitti; en önemli kişi bendim ve en önemli işiniz bana iyilik yapmaktı. Daha sonra yaralı adam geldiğinde, en önemli vakit ona yardım ettiğiniz vakitti, çünkü eğer onun yaralarını iyileştirmeseydiniz, sizinle barışmadan ölecekti. Dolayısıyla en önemli kişi oydu, en önemli iş de onun için yaptıklarınızdı..."

Bu masalımsı hikâye Rus yazar Leo Tolstoy'un *İnsan Ne ile Yaşar* kitabında yer almaktadır. Hikâye basit, anlattıkları derin ama.

***

Tek önemli vakit var; o da "şimdidir", içinde bulunduğunuz an. Çünkü sen şimdinin bir parçasısın. Çünkü ancak o zaman elinden bir şey gelebilir. Gelecekle ilgili planlardan kurtul, geçmişin pişmanlıklarını da bir kenara bırak. Arayıştan vazgeç. Anı yaşa, onu kabullen. İşte o zaman var olabilirsin.

En önemli insan, kimin yanındaysan odur. Unutma dünyanı güzelleştiren insan, her zaman için senin yanında olacaktır. Sadece görmesini bil. Karşılık bekleme, tanımaya çalışma. Sadece inan, yardım et, tanımadan güven ve mutlaka ama mutlaka sev. Çıkarsız sev.

En önemli iş ise beraber olduğun o insana iyilik yapmaktır. Almadan önce vermeyi dene, sevilmeden önce sevmeye çalış; karşılık beklemeden yardıma koş. Çünkü insanın bu dünyaya gönderilmesinin gayesi budur.

"Zerzevatçı bağırır, sarraf bağırmaz
Eskici bağırır, antikacı bağırmaz
Söyleyecek sözü, fikri değerli olan bağırmaz
Bağıran düşünemez, düşünmeyen kavga eder..."
Mevlana

İki Kalp Arası Mesafe

Neden susanlar daha iyi anlaşır? Ya da diğer taraftan bakalım. Neden birbirimize bağırmak ihtiyacı hissederiz ve bu gürültülü ortam içinde kimse kimseyi anlamaz? İnsanlar neden birbirlerine öfke ile bağırırlar? Söylemek istediklerimizi daha alçak bir ses tonu ile de aktarabilmek varken ne diye bağırırız?

"İki insan birbirine öfkelendiği zaman, kalpleri birbirinden uzaklaşır" diyor Hintli bir derviş. "Kalplerinin arasındaki mesafe yüzünden seslerini duyurabilmek için bağırmak zorunda kalırlar. Öfkeleri arttıkça, mesafe de artar, kapatabilmek için o mesafeyi, o kadar çok bağırmaları gerekir."

Peki, birbirini seven iki insan arasında ne olur, hiç düşündünüz mü? Bağırmak yerine birbirlerine, sakince konuşurlar. Neden peki? Kalpleri birbirine yakındır, çünkü arada mesafe ya yoktur ya da yok denecek kadar az.

İki insan birbirine daha da fazla sevgi beslerse peki? Konuşmazlar bile artık, yerini fısıldaşmalar alır. Çünkü kalpleri birbirlerine daha da yakınlaşmıştır. Hatta bir süre sonra konuşmalarına bile gerek kalmaz, susarak bile anlaşabilirler. Bakışmalar yeterli olur. Birbirine gerçek manada sevgi besleyen iki insanın yakınlığı böyledir.

Bu nedenle tartışıldığı zaman kalplerin arasına mesafe girmesine izin vermemeli. İki kalp arasına mesafe koyacak sözcüklerden uzak durmalı. Aksi takdirde aradaki mesafe öyle artar ki gün gelir birbirine yakınlaşacak yolu bulamaz insan.

Ne diyordu Mevlana'nın su felsefesi:

"Bir an için su olduğunu düşün...
Su gibi özel, su gibi yararlı ve su gibi çok, tükenmez.
İnanıyorum ki gerçekten de öylesin.
Ama ister çeşmelerden dökül, ister göklerden yağ,
ister nehirler dolusu ak...
Dibi olmayan bir kovayı asla dolduramazsın.
Yani, seni dinlemeyenlere sesini asla duyuramazsın.
Unutma, daha çok bağırdığında daha çok dinlenmezsin
gürültünün parçası olursun yalnızca.
Suyun yakınında olanlar, suyu en az içenlerdir.
Çünkü 'Su nasılsa burada, gerek yok ki suyu kana kana içmeye'
diye düşünürler.
Tıpkı, sesini sürekli duyanların, bir süre sonra seni
dinlemedikleri gibi.
Ormanda hiçbir hayvan, ırmağın gürültü koparan yerinden su
içmeye çalışmadı şimdiye kadar.
Hepsi, hep, sabahın en sakin anını bekledi
suyun durgun yerlerini bulabilmek için.
Gittiler, sakin sakin ihtiyaçlarını giderdiler.
Onlar için en uygun olan, kendi istedikleri zamandı.
Sen hep bir su olduğunu düşün.
Su gibi güzel, su gibi vazgeçilmez.
Ve su gibi bir hayat kaynağı olduğunu düşün.
Ama su gibi yaşatıcı ol."

Kaygıya giden iki yol vardır.
İlki zaten geçmiş olana çıkar.
Diğeri de henüz gelmemiş olana.

Kendini Unutabilmek

Bu dünyada u/mutsuz bir yaşam sürmek için yaratılmadın.
U/mutsuzluk halbuki çok uzaktadır.
Farazidir. Gelecek ile örtülüdür.
Neden zor olanı seçiyorsun ki?
Geleceğe dair planlar insanı hüsrana uğratır.
Neden sana uzak olana bel bağlıyorsun?
Mutluluk tohumları senin içinde. Şimdide.
Bırak filizlensin. Ve sadece izle.
Filizlerin içinde koca bir ormana dönüşüşüne şahit ol.
Onu reddetme. Kabullenmekten korkma. Umut hep bakidir.
Üzülme, kaybetmedin onu. Sadece onu yaşamayı unuttun.
Kendini seçmeyi yeğledin sadece. Kendini unut.
İçinde filizlenip koca bir ormana dönüşen yerde yola koyul.
Kaybol. Kendini kaybet ki mutluluğu bulasın.
Gelecekten kurtul ki asıl kendini bulasın.

Allah Yeter

Yalnız mı hissediyorsun? Kimsesiz ya da?

Bir yardım eli yok mu sana uzanan dersin? Peki ya seni koruyan hiç kimse? Yol gösterecek bir büyüğün? Uğradığın tüm haksızlıkların tek bir şahidi bile mi yok?

Bu haksızlıkları yapanların hesabını görecek kimse?

Merak etme. Sen kimsesiz değilsin. Her şey için *sana Allah yeter.*

"Allah, dost olarak yeter."
Nisa 45

"Allah, yardımcı olarak da yeter."
Nisa 45

"Şahit olarak Allah yeter."
Nisa 79

"Şahit olarak Allah yeter."
Fetih 28

"Vekil olarak Allah yeter."

Nisa 132

"Vekil/koruyucu olarak Allah yeter."

Ahzab 48

"Yol gösterici ve yardım edici olarak Rabb'in yeter."

Furkan 31

"Hesap görücü olarak biz yeteriz."

Enbiya 47

"Bana Allah yeter."

Tevbe 129

Yapmam gerekeni biliyorum
Ama yapamıyorum...
Tanrım, bundan daha büyük
bir acı verme bana...

Stres Üzerine

Ders Stres Yönetimi'ydi. Öğretmen elinde tuttuğu bardağı kaldırıp öğrencilerine sordu:

"Bu su dolu bardağın ağırlığını tahmin edebilecek olan var mı?"

Öğrenciler bardağın ağırlığının dersin konusu ile olan bağlantısını düşünürken, 200 gr diyen de oldu, 400 gr diye tahminde bulunan da. Sabırla tüm öğrencilerden gelen farklı cevapları dinledikten sonra, öğretmen cevap verdi:

"Mutlak ağırlığın burada bir önemi yok. Bunu sınıfta bulunan herkes rahatlıkla kaldırabilir, değil mi? Önemli olan bardağı ne kadar uzun süre elinizde tutmaya çalıştığınızdır. Eğer, kısa bir süre tutarsanız, ağırlığı hissetmezsiniz. Peki, yarım saat tutmaya çalışırsanız? Bardak ağır gelmeye başlar ve kolunuzda ağrı hissetmeye başlarsınız. Eğer, çok daha uzun süre tutmaya kalkışırsanız, kolunuz şiddetli bir şekilde ağrır ve kolunuzu artık kullanamayacak hale gelebilirsiniz. Bardağın ağırlığı aslında hep aynıdır ama siz bardağı tutmaya çalıştıkça size çok daha ağır gelir."

Yaşamımızdaki stres ve endişeler bu su bardağı gibidir. Sıkıntılarınızı küçük bile olsa devamlı yanınızda taşırsanız, hiç dinlenmezseniz, sonunda sıkıntı dayanılamayacak duruma gelir. Bir ömür boyunca, bizi üzen şeyleri düşünürsek, felçli gibi hissetmeye başlar ve hiçbir şey yapamaz hale geliriz.

Kanadalı bir fizyolog olan Hans Selye, vücudun stres durumunda "Genel Uyum Sendromu" olarak bilinen üç evreden geçtiğini söylüyor. Biliyorum sıkıcı biraz ama değinmekte fayda var:

Alarm: Bu vücut stresle karşılaştığında verilen ilk tepkidir. Vücut düzelmek için eldeki tüm çabasını sarf eder. Kaslar gerginleşir, duygu patlamaları yaşanır. Kan basıncı ve vücuttaki bazı hormonların salgılanması artar. Alarm tepkisi anlık verilen bir tepkidir. Bu evrede stres azalmazsa vücut ikinci evreye geçer.

Savunma: Vücut alarm evresinde verdiği tepkilerle kendisini stresten kurtaramadıysa savunmaya geçer ve strese karşı aşırı derecede direnç gösterir, bütün enerji kaynaklarını tüketir. Kan dolaşımı şekil değiştirir, beynin ön kısmına gitmesi gereken kan arka kısma pompalanır. Beynin arka kısmı bilinçsiz hareket merkezidir. Bu nedenle kişi bilinçsizce hareket etmeye başlayabilir. Vücutta aynı zamanda adrenalin hormonu artar, kan sindirim sisteminden çekilir ve yoğun bir şekilde vücutta asit üretimi başlar. Bu dönemde hazımsızlık, ülser, gastrit vb. rahatsızlıklar baş gösterir, bağışıklık sistemi zayıflar.

Tükenme Safhası: Vücudun bütün enerji kaynakları bu safhada tükenmiş olur. Depresyon ve boş vermişlik ortaya çıkar. Uyuşturucu ve alkol tüketimine başlanabilir ya da kullanımı artar. Stresin uzun süre devam etmesi ile kişi kendisini tükenmiş hisseder.

Keşke sihirli bir süpürgemiz olsa ve bizi strese sokan ne varsa içine çekse... Ama yok. Stresi, gelişmek için bir fırsat olarak görmek gerek bu durumda. Gelişmek ve gerçek anlamda hayatı yaşamak istiyorsak kendi "sorunlarımızla" yüzleşmek zorundayız. Hepimiz kendimizi stresten koruyabilme gücüne sahibiz aslında. Düşüncelerin tedavi edici etkileri vardır. Olumlu düşünüldüğünde beden şifayı yaratacak kapasitededir.

Kendimizi tüketmemek için yapmamız gereken şey stresi tüketmektir. Bu yüzden bardağı mümkün olduğu kadar düzenli aralıklarla elinizden bırakmayı düşünmelisiniz. Çünkü bunu sizden başkası başaramaz. Daha sonra kaldığınız yerden devam edersiniz. Sorunlar çözülmediği sürece zaten bıraktığınız yerde sizi bekliyor olacaklar.

"Eğer cesur değilsen samimi olamazsın.
Eğer cesur değilsen sevemezsin.
Eğer cesur değilsen güvenemezsin.
Eğer cesur değilsen, gerçeğin peşine düşemezsin."
Cesaret, Osho

İçinizdeki Aslanı Ortaya Çıkarın

Güzel bir Hint hikâyesi vardır. Kedilere karşı olan korkusundan dolayı devamlı endişe eden ve üzüntü içinde yaşayan bir fareyi anlatır.

Büyücünün biri nihayetinde fareye acır ve onu koca bir kediye dönüştürür. Fare bakar ki olacak gibi değil, bu sefer de köpeklerden korkmaya başlar. Bu sefer büyücü onu bir kaplana dönüştürür. Fakat bu kez de kaplan görünümlü fare, avcılardan korkmaya başlar. Büyücü anlar ki ne yaparsa yapsın onun korkusunu yenmesine imkân yok. Ve şu öğüdü verir:

"Sen cesaretsiz korkağın birisin. Tekrar fareye dönüş. Sende sadece minik bir farenin yüreği var. Bu nedenle ben sana ne yapsam nafile..."

Aslına bakarsanız en büyük cesaret hayatı bir bütün olarak yaşayabilmektir. Korkularıyla, hüzünleriyle, sevinçleriyle...

Ama korku bulaşıcıdır. Kendi kendine beslenen bir canavar misali giderek büyür. En kötüsü de onunla yüzleşmekten kaçtıkça, korkuyu bizzat kendimiz beslemiş oluruz. Bu kaçış hiçbir zaman iyi bir sonuç vermez.

Adolf Hitler, *Mein Kampf* adlı eserinde şöyle diyor: "Eğer liderlikte kalmak istiyorsan ülkeyi korku altında tutmalısın. Sürekli komşu ülkelerin saldırı hazırlığı içinde olduğuna, saldırmak için hazırlanan ülkeler olduğuna dair dedikodular yaymalısın."

Şu yadsınamaz bir gerçek ki herkesin bir korkusu vardır. Ama şu da bir gerçektir; hiçbir korku yoktur ki onu sadece siz tadıyor olun. Birçok kişi aynı korkuyu deneyimlemiş durumdadır. Bu yüzden seçilmiş bir kurban olmadığımızın farkına varmak gerekir öncelikle.

Aldous Huxley, "Sevgi korkuyu, korku da sevgiyi yok eder. Korku sadece bunu yapmakla kalmaz, aynı zamanda anlayışı, iyiliği ve tüm güzel düşünceleri de alıp götürür. Geriye kalan tek şey, mutlak bir çaresizliktir. En sonunda, korku, insanı insan olmaktan alıkoyar" diyor bu konu ile ilgili.

Dolayısıyla korkular, üstüne gitmediğimiz sürece giderek artan bir yoğunlukla bizi korkutmaya devam ederler. Huxley'in dediği gibi bizleri yaşayan ölülere çevirirler.

Diğer bir taraftan da gerçekleştirme potansiyelimiz olan hedeflerimize ve amaçlarımıza ulaşmaktan bizi alıkoyarlar. Burada kilit nokta *deneyimlemektir.* Cesaretlenebilmek ve özgürleşebilmek için korktuğumuz senaryolar her ne ise yaşamamız gerekir. Hayat boyu karşılaşmaktan köşe bucak kaçtığımız bu senaryoları deneyimledikten sonra artık kaçmamızın bir anlamı olmadığını anlarız.

Yaşam bir savaştır sevgili dostlar. Ancak sonunda asla galibiyet olmayan bir savaş. İki seçeneğiniz var. Mağlup olmamak için savaşmak veya mağlup olmak. Bu savaş yaşam arayışının kendisidir. Asla galip gelemeyeceğin bir arayış. Çünkü bu arayış devamlıdır. Bu tıpkı bir balığın denizdeki dalgalarla savaşmasına benzer. Ait olduğun bir şeyle olan savaşın hep baki kalır. Bunun içerisinde korkular da, sevinçler de, hüzünler de yer alır...

Zihnimiz bizim arka bahçemizdir. Bu bahçeye ne ekersek, biçeceğimiz de odur. Doğru tohumları ekersek, ayrıkotlarından arındırır, zararlı böceklerden korursak imrenilen bir bahçemiz olur. Kendi haline bırakırsak her türlü tehlikeye maruz kalır, hiçbir ürün de alamayız.

İçindeki yersiz korkular insanı yaşamla ölüm arasında seçim yapmak zorunda bırakır. Sen yaşamayı seç sevgili okur. Korkularınla yüzleş ve esaretine son ver.

Unutma, biz neyi düşlersek o oluruz. İçimizde sınırsız bir güç var ve onu doğru olarak devreye sokabilirsek, istediğimiz şeyleri bir hayalin ötesine taşıyabiliriz.

Siz sadece kalbinizdeki ışığa yürüyün.

Göreceksiniz, geri kalan her şey size kendiliğinden gelecektir.

Cesaret de, mutluluk da...

Ortalama 60 yıllık ömre
200 yıllık plan yapıyoruz.
Sonra, yok efendim
neden mutsuzuz?

Öğretilmiş Mutsuzluk

Bize hep kendimize düşman olmamız öğretildi. Sahip olmadığımız şeyler bize aitmiş gibi gösterildi. Ve bu öylesine nüfuz ettirildi ki, idrak bizim olanla bize ait olmayanı ayırt edemez hale geldi.

Sahip olamadıklarımızın peşinden koşarken, sahip olduklarımızın kendi elimizle dilencisi olduk. Yaşamımızı bataklığa çevirecek tüm yollardan yürümeye mecbur bırakıldık. Sen okuyucu, bu satırları okuyorken bir saniye ara ver ve kendine sor: Mutlu musun?

Cevabın hayır mı? Çünkü yaşamı sevmek için gereken şeyler gölgede kaldı. Bize mutsuzluğu öğrettiler çünkü. Bizler öğretilmiş mutsuzlarız.

Gölgeden çık artık! İçindeki güneşin doğmasına müsaade et. Mutluluk içinde ve sen kendinden başka her yere bakıyorsun.

Bir zamanlar firavun da kraldı.
Ama sonunda müzelik eşya oldu.
Kibirle yaşayan zilletle ölür.

Kibir ve Gurur Üzerine

Nasrettin Hoca'ya sorarlar bir gün:

"Hocam evliya mısınız siz?"

"Evet..." der Hoca ve ekler:

"İnanmıyorsanız şu karşıdaki koca ağacı çağırayım da gelsin buraya."

Herkes pür dikkat, merak içinde hocayı izler.

Hoca üç kere ağacı "Buraya gel" diyerek çağırır, ama nafile tabii.

"Gelmedi Hocam" der kalabalık.

Hoca hiç istifini bozmadan cevap verir:

"O gelmezse ben giderim, evliyada *kibir* olmaz."

Bir insanın sahip olduğu kibrin derecesi ilmi ile ters orantılıdır. İlmi ise aklı kadardır. Aklı da edebi kadardır. İnsan dediğimiz varlık eşsiz olmakla birlikte aynı derecede de âciz ve muhtaç olarak yaratılmıştır.

Yapılan bir araştırmaya göre canlıların yaşamasını sağlayan çevrebilimle ilgili sistemin bir yıllık maliyetinin en az 33 trilyon dolar olduğu söyleniyor. Düşünsenize, değil bir yıllık, bir anlık nefes için bile ne kadar servete ihtiyacımız olduğunu.

Yine bazı uzmanlar güneşin bir saniyede ürettiği enerjinin, dünyada ancak üç milyar enerji santralinin bir yıl boyunca çalışmasıyla elde edilebileceğini iddia ediyorlar.

Tek bir nefes alabilmek için bu kadar âciz olan insan neden bu kadar gurur ve kibir sahibidir ki?

Sanırım kibrin çıkış noktası tam olarak şurası: Kendini beğenmek. Kendini beğenmekteki asıl neden ise kendini kusursuz sanmak ve noksanlarını görmezden gelmek ya da onların farkına varamamaktır. Ahlak psikolojisi açısından incelediğimiz zaman da gurur ve kibrin temel sebeplerinden birinin insanın "âciz" olduğu bilincinden uzak yaşaması olduğunu görürüz.

Halbuki kişinin asıl noksanlığı, kalbindeki taşıdığı kibri kadardır. Özgüvenden yoksun, kendisiyle barışık olmayan insanların barınağıdır gurur ve kibir.

Havalı bir şekilde herkesten daha iyi yüzdüğünü iddia eden birine, filozof Aristippus şöyle demiş: "En küçük balıkların bile sahip olduğu bir meziyetten dolayı kendine bir pay, bir şeref mi çıkartıyorsun?"

Noksanlarını ve hatalarını bilmeyen ya da onlarla yüzleşmek istemeyen kimselerin ortak özelliğidir kibir. Hakikatten habersiz olmaktır.

Mevlana'nın dediği gibi: "Kibir, kendisinden habersiz, kendini bilmeyen insanın durumudur. Tıpkı güneşten haberi olmayan buzun kendini bir şey zannetmesi gibi..."

Cenap Şehabettin'in şu sözleri de durumu öyle güzel özetliyor ki: "Meşe gölgesinde filizlenen yosunlar, çok kere kendilerini meşe fidanı sanırlar."

Kibir karanlıktır, gölgedir. Peki, bu karanlıktan ışığa ulaşmanın, gölgeden kurtulmanın yolu nedir?

Bir çıkar yol önermiş Dücane Cündioğlu: "Büyük bir kayıp yaşamadan irfan bulunmaz, kibirden uzaklaşılmaz" diyor. Diğer bir deyişle, burnumuzun biraz sürtülmesi gerekiyor galiba. Ne dersiniz?

Mesnevi'den bir hikâye ile konuyu kapatmakta fayda görüyorum.

Çok eskiden, kendini beğenmiş, gururundan kabına sığmayan bir fare ile alçakgönüllü bir deve yaşarmış.

Arkadaş olmuşlar zaman içinde.

Fare, devenin yularından tutmuş bir gün, "Sana kılavuzluk edebilirim! Yularından çekip istediğim yere götürebilirim" demiş. İçinden de "Ben ne büyük bir kılavuzum" diye böbürleniyormuş.

Mütevazı deve arkadaşının küstahça teklifine razı olmuş. Derken önlerine koca bir ırmak gelmiş. Fare, ırmağı görünce duraklamış.

Devenin dizkapaklarına bile ulaşmayan su, fare için koca bir okyanus gibiymiş.

"Ben buradan geçemem..." diye fısıldamış korkuyla.

Deve çıkışmış hemen:

"Ne bekliyorsun? Kılavuz dediğin önden gider, hadi atla bakalım suya..."

Fare, utancından kaçacak delik aramış:

"Ben bu ırmağı nasıl geçerim, görmüyor musun su çok derin?" Boyundan büyük işlere giriştiği için çok mahcup olup ve yalvarmış: "Ey büyük üstat! Dizden dize fark var. Bu ırmak sana iki adımlık bir su birikintisi, bana ise koca bir okyanus. Ben artık kılavuz olmaktan vazgeçiyorum. Keşke daha önceden düşünseydim de boyumdan büyük işlere girişmeseydim."

Deve dayanamayıp cevap vermiş:

"Öyleyse bir daha küstahlık yok. Boyundan büyük işlere girişmek yok. Herkes kendi haddini bilmeli ve asla aldatıcı gurura ve kibre kapılmamalı. Titreyip durma, bin de hörgücüme geçireyim seni de karşıya. Bu da sana ders olsun..."

"Hayatı kaybetmekten daha acı bir şey vardır: Yaşamın anlamını kaybetmek."

Seneca

Hayatın Anlamı

Neden insan hayatın anlamını aramak yerine, yaşadığı hayatta anlamlı bir yer edinmeye çalışmaz ki? Günümüzde insan; para, güç ve itibar ile ilgili çok şeye sahip olan, fakat yaşamaya dair nadiren fikri olan insandır çünkü.

Irvin D. Yalom'un *Annem ve Hayatın Anlamı* adlı kitabında şu satırlara rastladım okurken:

"Biz aslında bir anlamı olmayan, evrene fırlatılmış olmanın verdiği rahatsızlıkla baş etmek zorunda olan, anlam arayan yaratıklarız..."

Aklıma, varoluşçu felsefenin önde gelen isimlerinden biri olan Alman filozof Heidegger'in sözü geldi sonra: "İnsan dünyaya fırlatılmıştır" diyor Heidegger. Anlayacağınız gibi, belki dünyaya gelmek bizim seçimimiz değil, ancak yaşama anlam katmak bizim elimizde.

Bu konuda birçok düşünce ortaya atıldı tarih boyunca, herkes bir arayış içine girdi. Ve takdir edersiniz ki herkes kendince farklı bir anlam çıkardı bu arayıştan.

Platon hayatın anlamının özetle "daha çok öğrenmek" olduğunu iddia etti.

Aristo'ya göre ise hayatın nihai amacı "iyi olmak" idi.

Sokrat'ın öğrencisi olan Anisthetes'in lideri olduğu Kinizm'e göre, insanın nihai amacı, "basit bir yaşam" sürdürebilmek olmalıydı. Ve yine birçok Doğu öğretisindeki "sade yaşam" da bu anlama geliyordu.

Hedonizm'e göre, insan hayatının amacı zevki olabildiğince yüksek tutup, acıyı azaltmaktı.

"Sana nasıl davranılmasını istiyorsan, başkalarına öyle davran" düşüncesi Alman filozof Immanuel Kant önderliğindeki Kantianizm'in temelini oluşturuyordu.

Bir nihiliste "Hayatın anlamı nedir?" diye sorduğunuzda muhtemelen duyacağınız cevap şu olacaktır: "Hayatın anlamı yoktur. Bu nedenle her şey serbesttir."

Sizce hayatın anlamı nedir peki? Daha fazla para, aşk, itibar, seks...

Fakirler için zengin olacak kadar para, aç birisi için karnını doyurabilmek, işinden emekli olmuş birisi için tüm toplu parasını bir eve yatırmak mıdır hayatın anlamı? Hayatın amacı bu kadar basit olabilir mi sizce?

Bu anlam "şimdide" saklıdır aslında. Hayatta bazı anlık ironiler vardır. Bunları fark etmemek tehlikeli olabilir. İnsanı aptal yerine koyarlar. Hayatın bizim planlarımıza uymak gibi bir mecburiyeti yoktur. Hayat; o an ne hissettiğinle alakalıdır! Biz olayları mantıksal süzgeçten geçirir ve yaşama devam etmek isteriz ancak hayat senin mantığınla ilgilenmez. O sana değil sen ona uymak zorundasındır. Ancak bu uyumu sağlarken de şuna dikkat etmek gerekir: Dünya üzerinde yaşayıp dünyaya ait olmamak. Eğer buna engel olamazsa, insan mutsuz olur. Kısır bir döngü içerisinde kaybolur. Bu anlam karmaşası içerisinde mutsuz bir yaşam sürer. Çünkü onu mutlu edecek şeyler için ölmeye hazırdır daima, onu mutlu edecek şeylerin ölmesine değil. Egosuna yapışık yaşar.

Bir gazeteci, 102 yaşındaki bir adamla röportaj için adamın evine gider. Gazeteci yaşlı adama ilk olarak bu kadar uzun süre yaşamasının ve bu yaşta böyle sağlıklı, dinç ve neşeli olmasının sırrını sorar.

Aslında gazetecinin beklediği, "Hiç alkol ve sigara kullanmadım, sporu hayatımdan hiç eksik etmedim" türünden bir cevaptır.

Ancak yaşlı adam, gazeteciye beklenmedik bir cevap verir:

"Evlat, Allah'ın bana lütfettiği her gün, erkenden uyanır ve halime şükredip pencerenin önüne giderim. Bir iki dakika dinlendikten sonra, hava ister güneşli, ister yağmurlu, karlı, ister sıcak, ister soğuk olsun kendime şunları söylerim: *Bu tam benim istediğim gibi muhteşem bir gün.*"

Hayat bize asla muhteşem bir gün sunmayacaktır. Çünkü bir günün muhteşem olup olmadığı bizim onu nasıl gördüğümüze bağlıdır.

Hayatın bize sunduğu anlamlar onu nasıl karşıladığımızla alakalıdır. Hayatın anlamı o an ne hissettiğimizle ilgilidir.

"Ne zaman ki, bir kişi yaptığı hiçbir şeyin bir fark yaratamayacağına inanırsa çaresizliği ve hiçbir şey yapmamayı öğrenecektir."

Martin Seligman

Büyük Balık Her Zaman Küçük Balığı Yemez

Bir deney yapılıyor. Akvaryumun içine birçok küçük balık ve bir tane de büyük balık atılıyor. Bir süre sonra daha büyük olanlar küçükleri yemeye başlıyorlar acıktıkça.

Daha sonra akvaryumun içine, akvaryumu ortadan ikiye ayıracak şekilde dikey bir cam yerleştiriliyor.

Küçük balıklar bir bölüme, büyük balık da diğer bölüme yerleştiriliyor.

Büyük balık, küçük balıkları yemek için birçok kez cam bölmeyi geçme girişiminde bulunuyor. Bu durum 28 saat boyunca bu şekilde sürüyor. Ve sonunda büyük balık küçük balıkların bulunduğu tarafa geçmek için mücadeleden vazgeçiyor. Bu gözlemin üzerine aradaki cam bölmeyi kaldırıyorlar.

Arada hiçbir engel olmamasına rağmen büyük balık küçükleri yemek için hiçbir girişimde bulunmuyor. Saatler geçmesine rağmen en küçük bir hamle bile yapmıyor küçük balıklara doğru.

Büyük balık ne kadar da bize benziyor değil mi?

İşte bu deneydeki durum psikolojide "öğrenilmiş çaresizlik" olarak adlandırılıyor.

Bu kavram ilk olarak Martin E. P. Seligman tarafından tanımlanmıştır. ABD'li ünlü psikolog 1975 yılında kapana kısılmış çaresiz insanların durumuna ışık tutmak için köpekler üzerinde bir deney yaptı.

Seligman bir grup köpeği kafese kilitledi ve sık sık şok uyguladı. Bir süre direnen köpekler daha sonra mücadele etmeyi bıraktılar.

Bunun üzerine kafesler köpeklerin kolayca kaçabileceği şekilde ayarlandı. Ancak köpeklerin büyük bir bölümü kaçmayı denemedi bile. Açık kafesin içinde umutsuzca sızlanmayı tercih ettiler.

Seligman, teorisini, aslında bizlerin acınası durumunu ima ederek, şöyle özetledi: "Ne zaman ki bir kişi, yaptığı şeyin küçük de olsa fark yaratamayacağına kendini ısrarla inandırırsa, kendini çaresiz hissedecek ve hiçbir şey yapmamayı tercih edecektir."

Hayat da böyle sevgili okur. Arka arkaya gelen zorluklar, aksilikler insanlara çaresizliği ve umutsuzluğu öğretiyor. Motivasyonsuzluk baş gösteriyor. İnsan düşebileceği en dipsiz kuyunun içinde buluyor kendisini. Gerçekten çaresiz olmadığı halde, böyle olduğunu zannederek, aslında çözüm bulabileceği bir sorunun üstesinden gelebilmek için kılını bile kıpırdatmıyor.

Daha kötüsü de, bu dipsiz kuyuya kendisini bırakmış kişinin tek sorunu o konuda çaresiz olmakla da sınırlı kalmıyor. Kişinin yaşamı, ruh sağlığı da olumsuz yönde etkileniyor.

Ortalama bir ebeveyn, çocuğu ergenlik çağına gelinceye kadar yüz binin üzerinde "Yapma!" "Elleme!" "Dokunma!" gibi uyarı sözcükleri kullanıyor çocuğunun hatalarını düzeltmek için. Böylelikle özgüveni düşük, yaratıcılıktan yoksun bireyler yetiştirmiş oluyor anne babalar.

Benzer şekilde birçok yetenekli gencimizi de kendileri için hiç uygun olmayan meslekler edinmeye zorlayarak çaresizlik içinde bırakıyoruz. Büyük kazıklara bağlıyoruz onları, öldürüyoruz.

Sirklerde insanları birkaç saat eğlendirmek uğruna eziyet gören sözde eğitimli filleri bir düşünün. Kaçmasınlar diye daha bebek bir filken büyük kazıklara bağlanırlar. Yıllar geçer, filler büyür, kazıklar ufalır ancak filler hiç kaçamaz! Belki de bu dünya bir sirktir ve bizlerin de fillerden bir farkı yoktur. Ne dersiniz?

Newton'u duymayanınız yoktur. Her seferinde bir dâhi olmadığının üzerine basan, durmadan çalışmanın, çaresizliğe kapılmamanın önemini vurgulayan Newton kendisine bir kez daha dâhi dendiği bir gün dayanamayıp şu açıklamayı yapar:

"Biz bilim insanları kumsalda çakıltaşları arayan çocuklar gibiyizdir. Eğer ben, arkadaşlarımdan biraz daha fazla, biraz daha renkli çakıltaşları toplayabildiysem bunun nedeni dizlerime kadar suya girmeye cesaret edebilmiş olmamdır."

Hepimiz çoğu zaman "Buraya kadarmış..." diyoruz. Motivasyonumuz kayboluyor. Yolun sonuna geldiğimizi düşünüyoruz. Böyle hissettiğimizde; çaresizlik ve tükenmişlikten kurtulup aslında farkında olmadığımız başka çözümlerin olduğunu düşünmeliyiz. Ve hiçbir zaman ümidimizi kaybetmeden yeni yollar aramalıyız. Çünkü her zaman bir yol vardır.

Bir peygamber ahlakı:
"Kötülüğe iyilikle karşılık vermek."

Üç Büyük Adım

Dervişe sormuşlar: "Nasıl insan olunur?"

Derviş, "Üç adım atmakla mümkündür bu" demiş ve eklemiş: "Sana kötülük düşünenlere, kötülük yapanlara kötülük düşünmemen gerekir. İnsan olma yolunda attığın ilk adım budur.

Sana kötülük düşünenlere, kötülük yapanlara iyilik yapabildiğin an ikinci büyük adımı atar ve hakiki insan olmaya başlarsın.

Ve nihayet, sana iyilik yapanla kötülük yapan arasında hiçbir fark hissetmeyecek erdeme ulaştığında ise insan olursun."

Dervişe katılmamak elde değil. Ancak şöyle bir husus da var ki; insanın iyi olabilmesi için öncelikle kendisiyle uyum içinde olması lazım gelir. Kendisi ile barışık olmayan, kendi içindeki anlaşmazlıkları bitirememiş insanın değil dervişin bahsettiği üçüncü adımı, ilk adımı atması bile mümkün değildir.

Sizi duyar gibiyim. "Öyle bir çağdayız ki..." diyorsunuz kesin. "Kötü olunca el üstünde tutuluyor insan, iyi olunca ahmak yerine konuyor, dışlanıyor bile." Bir yerde siz de haklısınız elbet. Toplum olarak kötüye mi sempati duyuyoruz, iyiyi mi sevmiyoruz anlaması biraz güç. Ama şu yadsınamaz bir gerçek: Herkes iyilik istiyor ama birçoğumuz iyi olmak için kılını kıpırdatmıyor.

Tarih içerisinde bu soruya oldukça fazla cevap verilmiştir: "İnsan, doğası gereği iyidir, kötüdür, ahlaklıdır, bencildir..."

Bu konuda Thomas Hobbes'a bakacak olursak, insan doğuştan kötüdür. Ona göre insanlar, sürekli olarak birbiriyle kavgalı, birbirini yiyip bitiren varlıklardır.

Hobbes'a göre insan doğuşta neyse, şimdi de odur. Bu düşünce onu ünlü "Homo homini lupus" ("İnsan insanın kurdudur") sözüne götürecektir. İnsan üç temel kavga-çekişme üzerinde şekillenmiş ve yozlaşmıştır. Bunlar "rekabet", "güvensizlik" ve "şan-şeref kazanma isteği"dir.

Ancak Rousseau bu noktada Hobbes ile "İnsan doğuşta neyse, şimdi de odur" konusunda ayrılırlar. Rousseau'ya göre insanın ilkel durumu ve şu anki durumu arasında fark vardır. İlkel durumda, insan iyi ve eşitken, daha sonra zamanla bu iki ilke "bozulma"ya maruz kalmıştır.

Bu düşünceleri örneklerle çoğaltmak mümkün. İnsan doğuştan mı kötü, sonra mı kötüleşti tartışıladursun, net olan bir şey var: İnsanı iyilik kurtaracaktır. İnsan iyi olmak zorundadır.

Ne diyor Âli İmran 104:

"Sizden, hayra çağıran, iyiliği emreden ve kötülükten men eden bir topluluk bulunsun. İşte kurtuluşa erenler onlardır."

Aliya İzzetbegoviç öyle güzel özetliyor ki durumu:

"Kuran-ı Kerim, 'İman et ki iyi insan olasın' demiyor, 'İyi insan ol ki iman etmiş olasın' diyor..."

İyilik yapana misli ile karşılık vermeli insan. Kötülük yapanı iyilik yaparak cezalandırmalı. İyilik yaptığın kişi sana kötülük yapıyorsa intikam almaya çalışma. Allah'a güven.

Kötülüğe iyilik ile karşılık vermeyi beceremiyor musun? O zaman denge kurmaya çalış. Kötü insanlardan mümkünse uzak dur. İyilik de yapma, kötülük de. Bırak herkes hak ettiği yerde kalsın. Fazla değer verince üzgün, az değer verince kötü oluyorsun çünkü. Herkese karşı dengede kal. Herkese yakın, ama herkese uzak ol.

İnsanlardan fazla bir şey bekleme. Hatasız insan arama hevesinden de vazgeç. Hiç hatası bulunmasın diye beklenti içine girecek olursak, hayatımızda kaç insan kalır sence? Bu yüzden eksikleriyle sev insanları. İyi bir yaşam sadece doğru insanı bulmaktan değil doğru insan olmaktan da kaynaklanır, unutma.

Bak, Nikos Kazancakis'in *Zorba* adlı eserinden bir alıntı yapmakta fayda var:

> *"Bir zamanlar diyordum ki: Bu Türk'tür, bu Bulgar'dır, bu Yunanlıdır. Ben vatan için öyle şeyler yaptım ki patron tüylerin ürperir; adam kestim, çaldım, köyler yaktım, kadınların ırzına geçtim, evler yağma ettim. Neden? Çünkü bunlar Bulgar'mış, ya da bilmem neymiş. Şimdi kendi kendime sık sık şöyle diyorum, hay kahrolasıca herif, hay yok olası aptal! Yani akıllandım, artık insanlara bakıp şöyle demekteyim: Bu iyi adamdır, bu kötü adamdır. İster Bulgar olsun, ister Rum, isterse Türk. Hepsi bir benim için. Şimdi iyi mi kötü mü, yalnız ona bakıyorum. Ve ekmek çarpsın ki, ihtiyarladıkça buna da bakmamaya başladım. Ulan ister iyi ister kötü olsun be. Hepsine acıyorum işte. Boş versem bile bir insan gördüm mü içim cız ediyor. Nah diyorum bu fakir de yiyor, içiyor, seviyor, korkuyor, o da kıkırdayacak ve dümdüz toprağa uzanacak, onu da kurtlar yiyecek. Hey zavallı hey! Hepimiz kardeşiz be. Hepimiz kurtların yiyeceği etiz..."*

Kazancakis kafasına ulaşmak için yaşlanmayı beklememek gerek. Habil'le Kabil'den beri kötülük sürüyor, insanlar birbirlerini, en çok da kendilerini kandırıyorlar. İyilik yapma konusunda cömert olmak gerek. Kötü dediğimiz bir insan elinden tutulursa gayet iyi bir insana dönüşebilir çünkü.

Yeryüzünde sonsuz kötülük var, ama şefkat, merhamet, güzellik de sonsuz. İnsan her gün yeniden doğabilir. Yeter ki istesin. Sen iyi olmaya, her durumda iyilikle karşılık vermeye zorla kendini. Ama unutma, iyi insan olmaya çalışırken etrafındakilere olduğu kadar kendine de iyi ol.

"Sen asla müzisyen olamazsın!"
Beethoven'in çocukluk hocası

Başarı Üzerine

Bu satırlar okuyan herkesi ilgilendirecek. Çünkü hepimizin bir hedefi var yaşam içinde. Şu ana kadar deneyimlediğim ve emin olduğum bir şey varsa o da her türlü hedefe ulaşmak için en mantıklı yolun "adım-adım metodu" olduğudur.

Haydi, bir yoklama alalım öncelikle...

Her pazartesi diyete başlayanlar burada mı? Sigarayı bırakıyorum deyip dolu sigara paketini çöpe attıktan daha 48 saat sonra yeni paket satın almak için marketin yolunu tutanlar peki? Gitar çalmayı öğreneceğim deyip üç gün sonra satın aldığı gitarı duvara süs olarak asanlar burada mı? Bir yıllık indirimli (!) spor paketi alıp, ilk hafta spor salonundan çıkmayıp, sonra spor paketini arkadaşına hediye edenleri sormuyorum bile...

Lao Tzu, "Binlerce kilometrelik bir yolculuk atılacak tek bir adımla başlar" der.

Her büyük başarı atılan küçük adımlardan meydana gelir. Herkesin bir hayali var, bulunmak istediği bir konum, ulaşmak istediği bir yer... Ama çoğumuzun ilk adımı atacak ve en önemlisi bu yolculuğu sabırla sürdürecek cesareti yok. Başarı bir yolculuktur, adım adım ilerleyeceğimiz bir serüven.

Eric Sevareid, *Reader Digest* (Nisan 1957) dergisinde izlediği en iyi yolun "bir sonraki kilometre" ilkesi olduğunu yazmış:

"İşimi değiştirip de çeyrek milyon kelimelik bir kitap yazmaya başladığımda, projenin tamamı üzerinde düşünebilecek gücü kendimde bulamıyordum. Mesleğimle ilgili en derin gurur kaynağından neredeyse vazgeçiyordum. Sadece bir sonraki paragrafı düşünmeyi denedim. Bir sonraki sayfayı ya da bölümü değil. Böylece altı ay boyunca bir sonraki paragrafı düşünmekten başka bir şey yapmadım ve kitap kendisini yazdı."

En iyi yazarlar tek bir cümle ile başladı yazmaya. En iyi piyanistler tek tuşa basmakla yola koyuldu. Onlarca katlı bir konut, koyulan tek bir tuğla ile içinde yaşanır hale geldi.

Her gün bir sayfa yazmak kolaydır, yüzlerce sayfa zor; yüz adım atmak kolaydır, onlarca kilometreyi tek seferde yürümek zor. Unutmayın, sabır göstermek "boyun eğmek" değildir. "Sabır" ilk adımını attığınız o serüvene *saygı göstermektir.* Sabredin ve bırakın kitap kendisini yazsın.

Eskiden Çinli bambu yetiştiricilerinin uyguladığı, oldukça meşakkatli bir süreç vardı.

Bambu ağacının tohumu ekildikten sonra sulanır ve gübrelenirdi.

İlk yıl tohumda hiç değişiklik olmaz, sulanır ve gübrelenirdi.

İkinci yılda da aynı şekilde bir gelişme olmadan sadece sulanır ve gübrelenirdi tohum.

Üçüncü yılda da sabırla aynı uygulama yapılır ve beklenirdi.

Dördüncü yılda da bambu tohumu sulanır ve gübrelenir, ancak inatçı tohum hâlâ filiz vermezdi.

Beşinci yılın sonlarına doğru bambu yeşermeye başlar ve altı hafta gibi kısa bir sürede 20 metrenin üzerinde bir uzunluğa ulaşırdı.

Şimdi soruyorum size sevgili okur: Bambu ağacı 20 küsur metrelik bu uzunluğa 6 haftada mı ulaştı, yaklaşık 5 yılda mı?

Başarının sırrı basit:

- İlk adımı atın.
- Sabredin, pes etmeyin ve inanın.

Jean Dominique, dünyanın en çok satan dergilerinden biri olan *Elle*'in Fransa baskısının başarıdan başarıya koşan editörüydü. Hayatının baharı denecek dönemdeydi daha, sadece 43 yaşındaydı. Locked-in sendromu denen illet ile buluştuğu yaş...

Hastanede gözlerini açtığında karşısında bir sağlık ordusu durduğunu fark etti önce. Doktorun "Adınız ne?" sorusuna cevap verdi ardından. "Adım, Jean Dominique Bauby."

Ancak bir terslik vardı. Doktor onu duymuyormuş gibi hiç durmadan sorusunu tekrarlıyordu:

"Adınızı söyleyebilir misiniz?"

Kendi sesini sadece kendisi duyabiliyordu, çünkü sol gözü dışında vücudunun her yeri felç olmuştu. Sol gözü ve işitme duyusu dışında iki şey daha vardı hayatta kalan: Hafızası ve hayalleri.

Durumunu kabullenmesi çok zordu, ancak elinde en güçlü silahı olan umudu vardı.

Bir konuşma terapisti kendisi için özel bir alfabetik sistem oluşturdu. Bauby sadece sol gözkapağını hareket ettirerek iletişime geçebilecekti. Nasıl mı?

Terapist, harfleri Fransızcadaki kullanılma sıklığına göre sıraladı: E, A, L, O, N, I... Harfleri yüksek sesle teker teker okudu. Jean Dominique istediği harfe geldiğinde göz kırptı ve bir sonraki harfe geçildi. Terapistin kurduğu bu özel alfabe sayesinde sol gözü ile konuşabiliyordu artık Bauby.

Sonuçta ne mi oldu?

Kelebek ve Dalgıç Giysisi (Le Scaphandre et le Papillon) adını verdiği kitap, Türkçe dahil birçok dile çevrildi, satış rekorları kırdı, beyazperdeye uyarlandı. Julian Schnabel'e en iyi yönetmen dalında bir ödül kazandırdı.

"İçten bir inanç, yarının temelidir..."
Ev Sahibesi, Dostoyevski

Özgüven ve İnanç Üzerine

Bir zamanlar çok başarılı bir işadamı iken şimdi her şey tepetaklak olmuştu ve iflas etmişti Bay Smith. Ödemeler gecikmişti. Alacaklılar kapıya dayanmıştı. Tek kuruş borç ödeyecek durumu yoktu. Çok bunalmıştı artık. Bir gün hemen evinin yanındaki parka gitti. Bir banka oturdu, kara kara düşünmeye başladı uzun süredir olduğu gibi. Bu işin içinden nasıl sıyrılacaktı?

Bu sırada yaşlı bir adam çıkageldi. "Çok üzgün görünüyorsun! Yardım edebileceğim bir şey var mı? Benimle paylaşmak ister misin?"

Smith durumu izah etti. İşadamının yakınmalarını dinleyen yaşlı adam, "Sana yardım edebilirim!" dedi. Çek defterini çıkardı, işadamının adını sordu ve ona bir çek yazdı. Çeki verirken de şöyle dedi: "Bu para senin. Bir yıl sonra seninle tam burada buluştuğumuz zaman bana olan borcunu ödersin. Haydi, çekinme al." Ve yaşlı adam hızla gözden kayboldu.

Tam 500 bin dolarlık bir çekti Smith'in elinde tuttuğu. Gözlerine inanamıyordu. Çünkü imza, o gün için dünyanın en zengin adamı olan John Rockefeller'a aitti. Artık tüm borçlarını ödeyebilirdi.

Ama çeki bozdurmadı, kasasına koydu. Çekin kasada olduğunu bilmenin verdiği güven ve motivasyon ile işine dört elle sarıldı. Gerek duyarsa belki kullanacaktı çeki. Ancak ödemelerini yeniden yapılandırdı. Küçük büyük demeden birçok iş aldı.

Kısa sürede borçlarından tümüyle kurtulmuş, hatta kâr etmeye başlamıştı. Tam bir yıl sonra, yaşlı adam ile kararlaştırdıkları saatte, elinde bozdurulmamış çek ile parka gitti. Bir süre sonra yaşlı adamın hızla ona doğru yaklaştığını fark etti. Adama çeki teslim edip başarı öyküsünü anlatacaktı sözde.

Tam o sırada bir hemşire koşarak geldi ve yaşlı adamı kolundan yakaladı. Hemşire, "Nihayet onu buldum, umarım rahatsız etmemiştir sizi" dedi. "Bu bey sürekli olarak huzurevinden bir yolunu bulup kaçar, bu parka gelir. Herkese kendisinin John Rockefeller olduğunu söyler" diye de ekledi. Özür dileyerek, yaşlı adamla birlikte uzaklaştı.

Smith şaşkındı. Tüm yıl boyunca, kasasında her an kullanıma hazır yarım milyon dolar olduğunu sanarak işler almıştı. Hayatının akışını değiştiren şeyin aslında para olmadığını fark etti. Asıl neden yeniden kendinde bulduğu inanç ve özgüvendi. Başarısının sırrı, kasasında duran değil, kalbinde ve kafasında olanlardı.

Bana sorarsanız zor durumlardan tek bir çıkış yolu vardır: İnanç ve kendine güven.

Zor şartlar altında insanın yüzleşeceği iki durum söz konusudur. Ya zorlukların getirdikleriyle mücadele edemeyip yok olursunuz ya da tahammül, inanç ve özgüven ile bir çıkış yolu arar ve bulursunuz. Bu tamamen sizin elinizdedir.

Kendine güveni olmayan insanlar sürekli diğerlerinin onayına muhtaç hissederler. Risk almaktan kaçınırlar, çünkü inançları çok zayıftır.

İnsanoğlu için her zorluk karşısında daima bir çıkış yolu vardır. Önemli olan, ebedi inanç ve güven fikrini kaybetmemektir. Çünkü inanç ve özgüven yok oldu mu bir insanda, işler hep daha kötüye gitmeye başlar. Durduramazsın. Daha da dibe batarsın. Öyle bir çıkmaza girersin ki her şeyin normale dönmesi için değil de, şartların bundan daha kötüye gitmemesi için yalvarırsın. Çıkış yolu diye bulduğun her şey bir bakarsın en karmaşık labirente dönmüş.

Kendine güveni olmayan insanlar, kendileriyle ilgili iyi hissedebilmek için sürekli diğerlerinin onayına ihtiyaç duyarlar. Başarılı olabileceklerine dair inançları zayıftır. Kendilerini başkalarından aşağı görürler. Hayat her zaman tozpembe değildir işte. Bu nedenle kendiniz ve gelecek hakkında daima olumlu düşünmek özgüven için önemli bir durumdur.

Gücünüzün farkında olun. Kendinize ulaşılabilir hedefler belirleyin. Gerçekçi olmayan hedefler çoğu zaman hayal kırıklıklarına yol açar.

Ve inanç.

İnsanda inanç oldu mu, ne yapar eder bir çıkış yolu bulur kendine. Sorunlarınız koca bir okyanus gibi karşınızda duruyor ve yolunuzu kapıyor olabilir. Asla okyanusu aşamam dersin kendine.

Böyle zamanlarda Hz. Musa Peygamber'in Şuara Suresi 62. ayette söylediğini hatırla:

"Hayır! Rabbim şüphesiz benimledir, bana yol gösterecektir."

Bundan kısa bir süre önce Albert Einstein ile ilgili konumuzla doğrudan alakalı bir gerçek ortaya çıktı. Bilenleriniz vardır. Einstein'ın, 1922 yılında Tokyo Imperial Hotel'de valizlerini taşıyan genç çocuğun eline kısa bir not tutuşturduğu öğrenildi. Bu notlarında yaşam ve mutluluğa ilişkin görüşlerini yazmış meğerse. Notları çocuğa verirken de, bir gün bu notların standart bahşiş miktarını aşacağını söyleyip, onları iyi muhafaza etmesini tavsiye etmiş.

Fizikçinin anadili olan Almanca olarak yazdığı notlarda şu iki şey yazıyordu:

1. Sürekli karışıklık içinde bir başarının peşinde koşmaktansa, sakin ve mütevazı bir hayat daha fazla mutluluk getiriyor.

2. Eğer irade varsa mutlaka bir çıkış yolu vardır.

Evet, sevgili okur. "Eğer irade varsa mutlaka bir çıkış yolu vardır."

Ve kendinize güvenmek ve inanmak tamamen irade meselesidir.

"Bu küçük kafa, bir çıkış yolu bulamayınca
hemen sonunun geldiğini sanır.
Yaşasın korkusuzlar!"
Faust, Johann Wolfgang Von Goethe

Her Zaman Bir Çıkış Yolu Vardır

Kaymak kovasına düşen iki küçük kurbağanın hikâyesini çok severim.

Ne zaman umutsuzluğa kapılsam aklıma gelir. Sizlerle de paylaşayım.

Başrolde iki kurbağamız var.

Bunlardan biri cesaretten yoksundu, derin bir aşağılık duygusuna sahipti.

Düştüğü kaymak kovasının içinde yüzmeye çalıştı, ama nafile.

Çok geçmeden pes etti. Çünkü emindi, ne yaparsa yapsın bu bataklıktan çıkamayacaktı.

Tahmin edin ne oldu?

Kaymağın içinde nefes alamadı ve boğuldu.

Diğer kurbağa ise bir yolunu bulup kovadan çıkacağına inanıyordu.

Boğulan arkadaşını gözucuyla seyrederken:

"Bu benim başıma gelmeyecek!" diyordu kendi kendine.

Bir şeyler yapmalıydı. Öylece duramazdı. Ön ayaklarını kovanın kenarına yerleştirdi ve arka ayaklarını kaymağın içinde çırpmaya başladı. Kısa sürede altında bir tereyağı tabakası oluştu. Oluşan sertliği hisseder hissetmez dışarıya atladı.

Durum böyle işte. Bir çare bulmak istediğiniz an, bu çareyi bulmaya başladığınız andır. Her türlü sıkıntıdan bir kurtuluş yolu vardır. Yeter ki pes etmeyin! Direnin. Ve asla umutsuzluğa kapılmayın.

Başınız sıkıştığında ve o an bir çıkış yolu bulamadığınızda sağ salim kurtulduğunuz durumları düşünün. Bilin ki çıkış her zaman vardır. Bir gün düştüğünüz kuyudan bir çıkış yolu ararsanız, emin olun, çıkış yolu o düştüğünüz kuyuda gizlidir.

Ve unutmayın, çoğu zaman düştüğümüz durumun ne olduğundan ziyade, bizim o durumda ne tepki verdiğimiz önemlidir.

"Sabredeceğim.
Sabrın bana sabrı tükeninceye kadar.
Sabredeceğim.
Sabır da sabır neymiş öğreninceye kadar."
Hamira Mevdudi

Sabır da Yorulur

Bilgeye sormuşlar:
"İnsan nasıl sabreder?"
Cevap vermiş bilge:
"Unutursun ve sabredersin. Bu en güzel olanıdır.
Kabul edersin, sabredersin. Bu en doğrusudur.
Vazgeçersin, sabredersin. Bu ise en zorudur.
Son olarak da işini Allah'a havale eder, sabredersin.
İşte bu, en yüce olanıdır."

Sabırla alakalı örnek göstermek o kadar kolay ki. Ahkâm kesmek, akıl vermek herkese, en başarılı olduğumuz konulardan biri. Ancak iş başa düştü mü, sabretmesi gereken konumda olan kişi kendimiz olduk mu işler sarpa sarıyor.

Mutluluğa sabrı kalmayan birine rastladınız mı hiç? Peki, sevincini odasına kapanıp tek başına içinde yaşayan? Vardır elbet ama bana denk gelmedi. "Bu kadar mutluluğa tahammülüm kalmadı" demez hiç kimse. Hep gelsin ister insan. Ama acı öyle mi? Sıkıntı, keder...

Sabır mutsuzluğu sever. Dolayısıyla yalnızlığı da sever... Ünlü araştırmacı ve düşünür Mevdudi'nin şu sözlerine kulak verelim:

"Babaannem, 'Eğer gülersen dünya da seninle birlikte güler ama eğer ağlarsan yalnız ağlarsın!' derdi hep."

Dediği gibi ünlü düşünürün, hep yalnız ağlar insan. Ve burada da sabır devreye girer.

"Dertler!" der insan.

"Sabır!" der zaman.

Sabır tahammül etmek değil direnmektir çoğu zaman. Sıkıntılara, zamana, yalnızlığına göğüs germektir. Hani Sezai Karakoç diyor ya:

"İnanç tam, güven tam, sabır tam, cihat tam olduğu anda, zafer de tamdır..."

Elbet bazen zamana yenik düşer ve inanç da, güven de, sabır da yorulur dostlar.

Duanın vakti geldi demektir bu.

Sadi Şirazi'nin umutsuzluğa umut olan *Gülistan*'daki şu satırlarını hatırlatmakta fayda var:

"Canını sıkma hiçbir zaman işler yolunda gitmiyor diye.
Hayat kaynağının suyu karanlıktadır.
Gün olur kavuşur aydınlığa.
Başından felaket gitmeyen adam!
Sakınma üzülme.
Allah'ın çok gizli lütufları var.
İşlerin düzelmedi diye
Üzülme her geçen güne.
Unutma!
Sabır acıdır ama meyvesi
Çok tatlı olur."

Siz ne yapın edin:

Tüm olumsuzlukların bir sonu olacağına inanın ve dua edin.

Tüm olumsuzluklara bir son verebileceğinize inanın ve mücadeleyi bırakmayın.

Ve elbet bir gün her şeyin sonu olduğuna inanarak sabredin.

Göreceksiniz her şey çok daha güzel olacak.

"Çocuklarına eğitim veren anne babalar onları dünyaya getirmekle yetinen anne babalardan daha saygıdeğerdir."
Aristoteles

Parttaym Yaşamak

Gezginin biri dağ bayır gezerken akarsuyun kenarında değerli bir taş bulur. Torbasına koyar taşı ve gezinmeye devam eder. Birkaç gün sonra yolda bir adama denk gelir. Günlerdir açtır adam. Gezgin torbasındaki yiyeceği çıkarır tereddüt etmeden. Adamla paylaşacaktır, ancak o sırada aç adamın gözü çantadaki değerli taşa ilişir. Açlığını bir anda unutur, taşı ister. Gezgin hiç duraksamadan değerli taşı adama verir. Adam değerli taşa sahip olmanın verdiği sevinçle, başına konan talih kuşunun farkında olarak uzaklaşır oradan. Artık sefalet yoktur onun için, çalışmak yoktur. Zengin olacaktır.

Birkaç gün sonra adam koşarak gezgine yanaşır.

"Bu taşın ne kadar değerli olduğunu biliyorum. Ancak senden ayrıldıktan sonra uzun uzun düşündüm. Onu sana geri vermek ve senden daha değerli bir şey almak istiyorum" der. "Bu taşı bana rahatlıkla vermeni sağlayan o içindeki şey her ne ise ondan istiyorum."

Okurken gezgin için "Şu safa bak!" dediğinizi duyar gibiyim. Bu hikâye biraz abartılı gelebilir belki ancak maddi şeyleri vermek, vermenin en kolaya kaçılan halidir. Zor olan ve asıl olan kişinin kendinden vermesidir. Sevgisinden, zamanından, özgürlüğünden...

Diyojen ziynet eşyaları ve kıyafetlerle eşlerinin sevgisini kazanmaya çalışan bir topluluğa:

"Be adamlar! Siz böyle yaparak onlara kocalarını sevmeyi değil, zenginleri sevmeyi öğretiyorsunuz" demiş.

Bu durumu her ne kadar sadece eşe indirgemiş olsa da Diyojen, çocuklarımız, aile bireylerimiz ve yakın dostlarımız, çevremiz için de bire bir geçerli aslında verdiği bu örnek.

Gelişen teknolojinin vesilesiyle gerileyen insan ilişkilerimiz ve hayat şartlarımız, sosyal yaşantımız düşünüldüğünde, birçok insan çocuklarına "parttaym" anne babalık yapabiliyor. Birçok evlilik parttaym devam ediyor. Haftada sadece 3-4 gün birbirlerini görebilen eşler biliyorum ben, mesaiydi, nöbetti, seminerdi derken. Aynı şehirde yaşayıp da anne babasını, teyzesini, amcasını senede bir kere ziyaret eden ilişkiler var artık. Bu şartlarda maddi fedakârlıklar diğer her şeyin önüne geçiyor.

Biz aile büyüklerimize, eşimize ayıramadığımız zamanı, ilgiyi armağanlar ile telafi etmeye çalışıyoruz. Çocuklarımızı sevgiye değil, oyuncaklara boğuyoruz. Özel okullar, kurslar, genç yaşta altlarına çekilen pahalı arabalar... Bu aslında sevgiyi, maddi olanaklarla telafi edebileceklerini düşünenlerin suçluluk duygusunu hafifletmeye çalışmalarından başka bir şey değildir.

"Çocuklarına eğitim veren anne babalar, onları dünyaya getirmekle yetinen anne babalardan daha saygıdeğerdir" diyen Aristoteles şöyle devam eder: "Çünkü biri yaşam bağışlamıştır, öbürü ise iyi bir yaşam."

Aslında insanlara değer vermek, sevildiklerini hissettirmek çok daha basit ve masrafsızdır.

Çalabildiğiniz müzik aletiyle aile bireylerine verilen mini bir konser; kilo vermek isteyen bir arkadaşınıza destek olmak için beraber çıkılan bir koşu; yaşlı bir tanıdığınızı evinde ziyaret ederek, ev işlerinde ya da dışarıdaki alışverişinde ona yapılan bir yardım dünyanın bütün pahalı mücevherlerine eşdeğerdir.

Dünyayı, sürekli omuzumda taşımaktan sıkıldım...

Ne Olduğuna Aldırmıyorum

Hindistan asıllı düşünür, konuşmacı ve yazar Jiddu Krishnamurti yarım yüzyılı geçkin bir süredir yaşamın özgürlükten ibaret olduğunu; doğru söylemekten ziyade doğru düşünmenin asıl olduğunu bütün dünyayı dolaşarak insanlara anlatmaya çalışıyordu. Evet, bazı şeyleri kelimelerle anlatmak o kadar zordu ki.

Yaşamının son dönemine doğru katılmış olduğu konuşmalarından birinde seyircilere hiç beklemedikleri bir soru yöneltti:

"Sırrımı öğrenmek ister misiniz?"

Dinleyicilerin çoğu yılardır Krishnamurti'yi dinledikleri halde öğretilerinin özüne bir türlü ulaşamamış insanlardan oluşuyordu. Tüm salon pür dikkat gelecek cevaba odaklanmıştı. "Sırrım..." dedi düşünür. "Ne olduğuna aldırmıyorum."

Bu kadar kısa ve netti cevabı. Dinleyicilerin kafası daha fazla karışmıştı üstelik. Ne demek istiyordu ünlü düşünür?

Yaşamı değerli kılan sahip olduğumuz iç huzur, denge ve sükûnette saklıdır. Kaygı ve sıkıntılarla dolu bir hayat tarzı ile dengeli, sakin ve huzurlu bir yaşam sürmek olanaksızdır. Krishnamurti aslında "Ne olduğuna aldırmıyorum" derken yaşamla kavga ve çekişme halinde olmadığını ima ediyordu.

Yaşamı yakalamalıyız. Peki nerede? Gerçekle mecazın buluştuğu noktada, yani "an"da. İç huzuru hissetmek "an"ı yaşamayı gerektirir. Bu "ol"mak demektir. Varlığın asıl kaynağıdır bu. Dirençsizlik halidir. Geçmişin kaygılarından ve geleceğin afaki planlarından kurtulmaktır. Olduğu gibi kabul etmektir döngüyü, hiçbir şeye zihinsel olarak iyi ya da kötü şeklinde değer biçmemektir. Duygular, yaşanan olaylar, sahip olunan düşünceler, korku, endişe ve arzular... Hepsi gelip geçicidir, geldikleri hiçliğe geri dönerler. Bizimle sadece yaşanan "an" kalır.

Dirençsizlik eylemsizlik değildir. Yaşam boyunca hiçbir şey yapmayacağız anlamı çıkmamalı buradan. Tam aksine. Akıntıya karşı kürek çekmeme halidir. Ancak akıntıyla birlikte yeni ufuklar keşfetmek de elimizdedir.

Yaşamı zindana çeviren, bizi görünmez parmaklıkların içine hapseden yegâne kaygılardan biri de onaylanma arzusudur. En az geçmiş ve gelecek kaygısı kadar tehlikeli bu durum için bakın Lao Tzu'nun çok beğendiğim bir sözü var:

"Kâsenizi ağzına kadar doldurursanız, dökülecektir.
Bıçağınızı keskinleştirmeye devam ederseniz, körleşecektir.
İnsanların onay vermesini önemserseniz,
onların mahkûmu olursunuz.
İşinizi yapın ve geri çekilin. Dinginliğe giden yegâne yol budur."

Huzursuz zihin, kafa karışıklığına ve mutsuzluğa yol açar. Bazı ufak değişikliklerle hayatınızdaki kaygı ve stresten uzak durabilir, huzuru yakalayabilir ve yaşam ile uyum içerisinde, "aldırmadan" bir ömür geçirebilirsiniz.

- Öncelikle yaşama ayak uydurabilmek için gereksiz ağırlıklardan kurtulun. İster maddi, ister zihinsel her türlü ağırlık sizin işinizi zorlaştıracaktır.
- Kendinizi dinleyin, derin bir nefes alın ara ara ve zihinsel dinginliğe ulaşın. Unutmayın. Geçmiş çoktan geçti. Değiştiremeyeceğiniz şeyler için kaygılanmayın. Gelecek de henüz

gerçekleşmiş değil. Hayat da zaten bir prova değil. Bu yüzden tüm enerjinizi "an"a verin.

- Her ne kadar hoş bir öneri gibi durmasa da "koruyucu duvarlarınız" olsun. Huzursuz eden kişiler, olaylar, düşünceler zihne acı verir. Sınırlarınız olsun ve bir filtreden geçmeden hiçbir şey size ulaşamasın.
- Unutmayın, sessiz kalmaya ihtiyacınız var. Bu, kendinizle bağlantı kurmanıza ve huzursuz zihninizi sakinleştirmenize yardımcı olur. Her gün birkaç dakika da olsa kendinizle baş başa kalmaya çalışın.
- En önemlisi şükredin ve minnet duyun. Daha önce görmezden gelmiş olabileceğiniz şeylere teşekkür edin. Sağlığınız, sevdikleriniz ve sizi seven insanlar için minnettar olun.

Ve son olarak da Eflatun'a "Hangi iyi meziyet, kişiye hikmet/bilgelik kazandırır?" diye sorulunca verdiği şu cevap hep belleğinizde yer bulsun:

"Gelmeyeni gözlememek ve kaçırdığına üzülmemek."

"Kırkayak mutlu ve sakindi
ta ki karşısına bir kurbağa çıkıp
şakayla karışık, söyle bakalım
hangi ayak hangisini takip eder
diye soruncaya kadar.
Bu kırkayağın kafasını öyle bir karıştırdı ki
dikkati dağıldı zavallının
ve bir hendeğe yuvarlanıverdi
nasıl yürüyeceğini düşünerek."

Zen Yolu, Alan Watts

Ne kadar da safız.
Bir an bile olsa, hayatımızın akışının
kendi elimizde olduğuna inanabiliyoruz...

Akışına Bırak

İnsan ne uslanmaz bir varlık, değil mi? Düşünsenize, en başından beri, hep layık olduğumuzu sandığımız bir cennetin beklentisiyle yaşıyoruz. Hem de bu beklentinin hayat içinde gerçekleşmeyeceğini bile bile... Daha sonra aklımız başımıza geliyor ve yaşarken bulamadığımız o saadeti ya geçmişte ya da gelecekte aramaya başlıyoruz. Ve yine bulamıyoruz...

Böylece hayattan kaçamayacağının farkına varıyorsun. Sanırım büyümenin en kötü tarafı da bu oluyor. İnsan büyüyünce farkına varıyor: Hayat sadece, beklemek ve sabretmek üzerine kurulu bir düzenden ibaret sanki...

Gerçi mesele büyümek de değil ki. Asıl sorun şu: İçinde bulunduğum hayatın, içinde barınabileceğim hayat olduğuna inanamıyorum...

Farkındayım, hayat ciddi bir oyun. Oldukça da zor aslında. En zoru da kurallara uymakta çekilen güçlük. Çünkü birçok kural var ve herkes kendi koyduğu kuralın doğruluğuyla övünüyor...

Yine de hayat kötü değil. Evet, belki katlanılmaz. Ama kötü değil. Ve bu ikisi de aynı şey değil.

Neden her şey ters gidiyor? Çok şey istiyorum belki de. Umut ettiklerimin gerçekleşmemesi bir yana, her geçen zaman benden bir parça alıp götürüyor. Eksiliyorum. Aldığım her karar yanlış çıkıyor, kesin dediğim her şey muhtemel sınıfına bile girmiyor.

Yaşamım, olmasını istediğim istikametin tam tersi sürüp gidiyor. Karar vermekten, yol ayrımlarında mecburi bir seçim yapmaktan sıkıldım artık. Sanırım yazgım benden çok daha güçlü çıktı.

Ters şeritteyim belki de...

Tüm bunlar yanlışsa tek seçenek kalıyor geriye: Karşı şeride geçip hayatın akışına bırakmak kendimi. Evet, evet. Hayatı akışına bırakmak en doğru seçenek belki de...

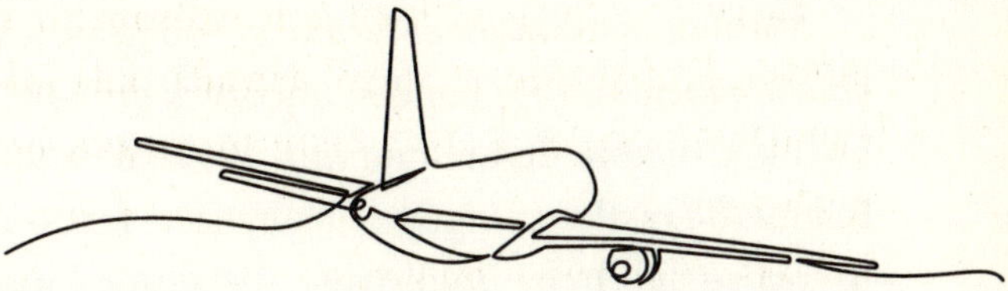

Sakın Uçağa Binmeyin!

Durun, hemen yaygara yapmayın yahu. Lafın gelişi bu. Şöyle bir düşünüyorum da, yolu yarıladım sayılır. Her insan gibi benim de yerli yersiz korkularım, endişelerim oldu. Ömrünün çoğunu uçak yolculuklarında geçiren biri olarak, her seferinde uçak kazasında ölmekten korkuyorum mesela. Dışarıda yediğim yiyeceklerin bana ne kadar zarar vereceği içimde hep bir muammadır. Fırtınalı bir gecede başıma yıldırım düşme ihtimali de endişeye düşürmüyor değil açıkçası ara sıra.

Sizlerin de bu tarz endişeleri olduğunu tahmin ediyorum. Ancak bilirsiniz matematik yalan söylemez. İstatistiksel olarak yapılan bazı araştırmaları incelediğimizde aslında birçoğumuzun endişelerinin oldukça gereksiz olduğu gün yüzüne çıkıyor.

Yapılan bazı araştırmalara göre aslında, bir uçak kazası yaşama ihtimalim 500 binde bir, başıma yıldırım düşme ihtimali 2 milyon 650 binde bir, gıda zehirlenmesi yüzünden ölüm ihtimali yaklaşık 3 milyonda bir iken durup düşününce gereksiz evham yaptığımı fark ediyorum. Halbuki dert edecek çok daha yakın ihtimaller var. Kalp hastalığı sonucu ölüm ihtimali 5 kişide 1, bir kanser türüne yakalanma ve ölme ihtimali yaklaşık 7 kişide 1 mesela.

Muhtemelen, insanlardaki bazı endişe ve korkuların gereksiz olduğunu birileri benden önce fark etmiş ki bunlar üzerine büyük girişimlerde bulunulmuş. Yaklaşık 4000 yıl kadar önce Babillerde rastlanan sigortacılık benzeri faaliyetler zamanla gelişerek şu an birçok ünlü sigorta şirketinin kurulmasına neden olmuş. Şu an bu şirketler insanların gerçekleşme olasılığı çok düşük olan durumlar için duydukları endişelerinden dolayı çok büyük gelir elde ediyorlar. Aslına bakarsanız bu şirketlerin yaptığı "Büyük Sayılar Kanunu'na" dayanarak girilen bir bahisten başka bir şey değil.

Peki nedir bu Büyük Sayılar Kanunu?

Öncelikle bir rassal (rasgele) değişken gereklidir. Rassal değişkenler bir şans oyununun herhangi bir sonucu olabilir. 50 kere yazı tura atıldığında kaç yazı geleceği gibi. Kanun kısaca bir rassal değişkenin uzun vadede beklenen değere ulaşacağını söyler. Bir olay için ne kadar çok birbirinden bağımsız deneme yapılır ve girdi elde edilirse gözlemlenen olayların neticesinde bir ortalama değer bulunacak ve bu ortalama, beklenen değere giderek yaklaşacaktır.

Bir örnekle açıklayalım mı?

Bildiğimiz hilesiz bir tavla zarını yatay bir zemine attığımızda, göreceğimiz sayının beklenen değeri 3,5'tir. Çünkü göreceğimiz sayı 1'den 6'ya kadarki sayılardan biri olacak ve her sayının gelme olasılığı 1/6 olduğu için; beklenen değer = (1+2+3+4+5+6)/6 = 3,5 olacaktır.

Büyük Sayılar Kanunu'na göre arka arkaya yüzlerce kez zar atıldığı zaman, zar ortalamasının giderek 3,5 bandına yaklaştığı gözlemlenir. İsteyen yeterli vakti ve sabrı varsa bunu evinde deneyebilir. Ben hazıra konacaklar için denenmişini burada grafik olarak gösteriyorum. Yatay çizgi yapılan 1000 atışı, dikey çizgi zar numaralarını gösteriyor. Titrek çizgi de o zamana kadarki yapılan atışların ortalamasını gösteriyor. Birkaç yüz atıştan sonra ortalamanın 3,5 civarında sabitlendiğini gözlemleyebiliyoruz.

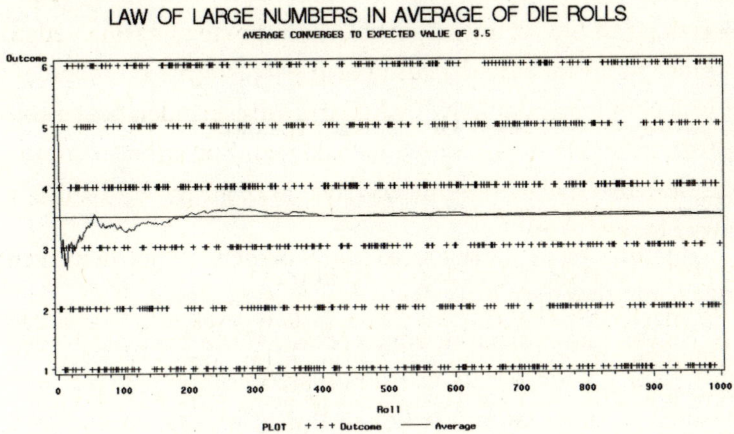

Biraz önce bahsettiğim gibi sigortacılıkta kullanılan ana kanun bu. Pazardan olabildiğince fazla pay almak ile mümkün olduğunca fazla sayıda zar atmak eşdeğerdir. Çünkü sigortalanan kişi sayısı ne kadar artarsa risk o kadar azalır. Zar örneğinde olduğu gibi, sadece bir araca kasko yapıldığında, aracın pert olması durumunda şirket batar. Az sayıda evi sigortaladığında, hepsinin yanma olasılığı ciddi bir risktir şirket için. Ne kadar çok sayıda ev sigortalanırsa ortaya çıkacak olan durum, gerçeğe en yakın durum olacaktır.

Biz buralara nereden gelmiştik? Hah, uçak diyordum. Siz bakmayın benim bu başlığıma. İstatistiksel olarak bakılınca en güvenli ulaşım araçlarından biridir uçak. Matematik yalan söylemez.

Kasa Her Zaman Kazanır

Kafanızı biraz daha karıştırayım madem. Uçak demişken size Kumarbaz Yanılgısı'ndan bahsetmesem olmaz.

Bu yanılgının diğer bir adı da Monte Carlo Yanılgısı. Neden mi? 1913 yılında Monte Carlo kumarhanesinde bir rulet masasında top tamı tamına 26 kez siyaha düşer. 136,8 milyonda 1 olasılıkta bir durumdur bu aslında.

Topun art arda siyaha geldiğini gören müşteriler her seferinde, "Bu sefer kesin top kırmızıda" mantığıyla kırmızıya bahis yatırmak için birbirleri ile yarışırlar. Ancak defalarca kaybederler ve kasa böylece köşeyi döner.

Sigorta şirketlerini hatırlayın. Kasa her zaman kazanır lafı da bununla ilgili. Kumarhanede "çok fazla insanın" "çok fazla oyun" oynaması kasayı hep avantajlı duruma getirir. Uzun dönemde kasa hep kazanırken, kısa dönemde her şey belirsizdir.

Elbet bu yanılgı sadece kumarbazlara özgü değildir. Yaşamın her alanında bağımsız olayların gerçekleşme ihtimali konusunda birçok kez karşımıza çıkar biz farkında olmadan.

Parayı art arda havaya attığımızda 5 kere yazı gelirse, "Altıncı atışta artık tura çıkmalı" mantığı büyük bir yanılgıdır. Çünkü her atış birbirinden bağımsızdır.

Dört kız çocuğu olan bir anne babanın beşinci çocuklarının erkek doğmasını beklemeleri de bir yanılgıdır.

Kumarbaz yanılgısı psikolojik olarak da sahte umutlara neden olabilir. Örneğin, şiddet içeren bir ilişki yaşayan birisi, eşi kendisine yakın zamanda şiddet uyguladığı için önündeki belli bir süre şiddet görmeyeceğine inandırabilir kendisini.

Kumarbaz Yanılgısı'nın temelinde, bağımsız olayları ilişkilendirme konusunda beynimizin bizi yanlış yönlendirmesi yatar. Olasılıklar hayatımızın her alanında var olacaklar, bu yüzden bağımsız olaylara dikkat etmek gerekir.

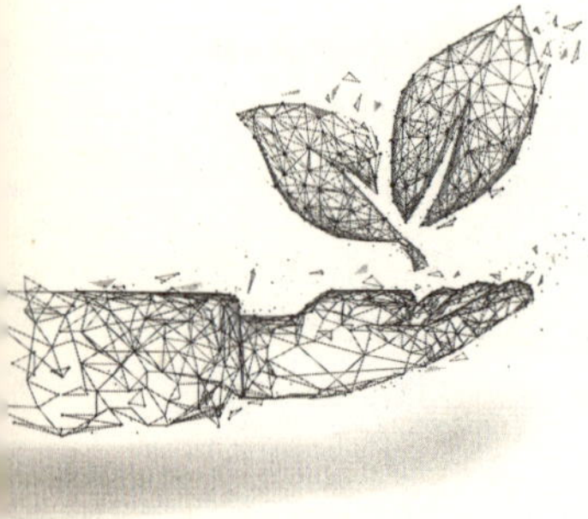

İlişkilerde asıl sorun nedir biliyor musunuz?

"Gölgesinden nasiplenemeyeceğini bilsen de o ağacın tohumunu ekebilmek."

Diğer türlüsü hep çıkar ilişkisi, menfaat.

Susan bir kadın
biten bir hayal demektir.

Kadınlar Üzerine

Size bir şey söyleyeyim mi? Bir kadının tek aşkı genelde babasıdır. Bunu zaman ispat eder. Tüm ömrünü gerçek aşkı aramakla geçirse de bir kadın, sonuç genelde hep hüsrandır. Babasının aşkıdır aslında kadını büyüten, yaşama bağlayan. İsterse, dünyanın en büyük aşkını bulmuş olsun, bir kadının her daim özlemini çekeceği yerdir *baba evi.*

Ve... Ne yazık ki her kadın, babasını kaybettiği yaşta kalır, daha fazla büyüyemez. Bazısı hep on beşinde kalır, bazısı hep otuzunda.

Çünkü çoğu kadın sevdiği adamdan, en az babasının kendisine beslediği kadar bir aşk bekler. Biraz masalımsı beklentilerdir bunlar.

Şimdi erkek okurlar kızıyorlar bana biliyorum.

Şu bir gerçek ki erkek de sever, ama kadın kadar güzel ifade edemez. En çok seveni bile gerek davranışsal, gerek duygusal ifade eksikliğine sahiptir kanımca.

Bir kadını en derinden etkileyen hususlardan biri, bir erkekte kendininki kadar zarif duygular keşfetmesidir. Kaç erkek bu hassasiyete sahip bilmiyorum. Ama işimiz zor, bundan eminim.

Kadın ilgi ister. Bir kadın onunla ilgilenebildiğin kadar senindir çünkü. Ve emin olun onun için en mutlu an, muhtemelen, ilginin merkezi olduğu andır.

Kadın bu. Dün vermiş olduğun sevgiyle yetinemez ki. Her gün başka sevmen gerekir. Bir kadına "Yılın 365 gün seni düşünüyorum..." desen, "Kalan 6 saatte ne yaptın ki?" diye sorar.

Fransız yazar Henry de Montherland'ın çok beğendiğim bir sözü vardır: "Erkeklerin tersine kadınlar, sevdikten sonra arzu etmeye başlarlar."

İşte sorun da burada başlar aslında. Aşk erkekler için "elde etme" noktasında, kadınlar için "kaybetme" noktasında biter çünkü. Erkek için yolu belki de yarılamış bir ilişki kadın için daha yeni başlamıştır. Bu frekans farkı anlaşmazlıkların temelini oluşturur. Yabancı bir şarkı gibidir bu saatten sonra erkeğin gözünde kadın. Hep dinler, ama hiç anlamaz!

Gerçi şu da yadsınamaz bir gerçek, ne kadar anlayışlı olursa olsun, hiçbir erkeğin gözü, yaralı bir kadın yüreğinin derinliklerine inebilecek kadar keskin değildir. Masal böyle sürüp gider. Ve genelde bu masalın sonunda kadın, adamın kendisini hiç sevmediğini anladığında kendisinden nefret eder. Susar.

Bir kadın sadece kendine yenildiğinde susar. Ve bunu emin olun hiçbir erkek istemez.

Duygusal hafıza kadınlarda kendisini fazlasıyla gösterir. Oldukça mühim bir konuyu pek hatırlayamazken, duygusal etkiler bırakan çok ufak bir olayı hatırlayabilir bir kadın en ince ayrıntısına kadar, üzerinden yıllar geçmiş olsa bile. Bu duygusallık iyice içine kapanmasına sebep olur kadının.

Ve kadın susar...

"Bir kadın söyleyeceği çok şey olduğu halde susuyorsa erkek artık tüm şansını kaybetmiştir."

Pablo Neruda

Kadın Susar, Çünkü:

- Fırtına öncesi sessizliktir bu susuş aslında. İçinde kopan fırtınaların, içten bağırıp çağırmaların, kırıp dökmelerin sessizliğe bürünmüş halidir bu durum.

- Tıka basa yorulmuştur artık. Ufak da olsa bir sevgi kırıntısına tutunma ümidi, birçok şeyi görmezden gelme çabası, "Belki..." diye ümit ettiği her şey yormuştur.

- Umudunu yitirmiştir. Farkına varmıştır bazı gerçeklerin geç de olsa, uğruna savaş verdiği şeylerin beyhude bir çabadan ibaret olduğunu anlamıştır.

- Bir sürü cümle kurmuştur ama çoğu zaman duvara konuşmuştur. Yine de karşı taraftan tepki alamamıştır. Çünkü durum Mevlana'nın da bahsettiği gibi: "Ne kadar bilirsen bil, söylediklerin karşındakinin anlayabildiği kadardır." Belki de anlamak istediği kadardır.

- İnancı kalmamıştır. Kırgınlıkları umursanmamış, ilişkisinin iyiye gideceğine dair iyimser fikirleri katrana bulanmıştır.

- Belki de yaşananları düşünüyordur. Son bir fedakârlık için çabalıyor, son bir kez çıkar yol arıyordur.

- Paramparça olmasına rağmen yine de sevdiğine, sevgisine, yaptığı fedakârlıklara kıyamıyordur.

- Vazgeçmiştir. Dönüşü olmayan bir yola girmiştir artık. O yüzden sarf edecek tek kelimesi bile yoktur.

- Terk edecektir. Bir kadın gidiyorsa içindeki tüm ateş küllenmiş demektir. Kal desen de kalmayacaktır, kalsa bile ruhu seninle olmayacaktır.

Ünlü bir ayakkabı firmasında çalışan bir ayakkabı satıcısı, müşteri kitlesini artırmak, ayakkabı satmak için bir adaya gider. Adada yaşayan insanları görünce eşekten düşmüşe döner. Şirketine telefon açar.

"Ben hemen geri dönüyorum. Burada kimse ayakkabı giymiyor."

Bir süre sonra aynı şirkette çalışan farklı bir ayakkabı satıcısının yolu şans eseri aynı adaya düşer. Adada yaşayanları görünce onun da gözleri fal taşı gibi açılır. Hemen şirketine telefon açar ve şöyle der:

"Bana derhal 10 bin çift ayakkabı gönderin. Bu adada kimse ayakkabı giymiyor."

"Kusursuzluk detaylardan oluşur ama detay kusursuzluk demek değildir."

Ben Okri

Detaylarda Kaybolmak mı Ayrıntılarda Gezinmek mi?

Martin Handford'un, Türkiye'de *Ali Nerede* (Amerika'da Waldo, Fransa'da Charlie, Almanya'da Walter...) adıyla yayımlanan kitabına belki denk gelmişsinizdir. Ben Amerikan versiyonu olan *Where is Waldo*'ya şöyle bir göz atayım demiştim. Kitap aslında çocukların dikkat gelişimi ve etkin zaman geçirmeleri için tasarlanmış.

Karmaşık bir temaya göre çizilen yüzlerce insan arasında kaybolmuş Waldo'yu bulmaya çalışıyorsunuz. Kırmızı-beyaz kazağı, mavi pantolonu, gözlüğü ve beresi ile bir adet Waldo'yu ara ki bulasın! Bırakın çocukları, yetişkinler de onca karmaşanın arasında bizim Ali'yi bulmaktan fazlasıyla zevk alıyorlar.

Burada zor olan tek şey var: Karmaşa. Ve karmaşanın verdiği dikkat dağınıklığı.

Düşünsenize, bembeyaz sade bir kitap sayfasında duran Ali'yi bulmak ne kadar zor olabilirdi ki? Hayat da bir nevi "Umutsuzca Waldo'yu Arama" telaşıdır aslında. Her günü, kitabın yeni bir sayfası olarak algılamalı ve sayfada karmaşa yaratan ne varsa ayıklamalıyız. Yaşam içinde sayısız detay içerisinde tek bir Waldo'yu bulmak gerekebiliyor bazen değil mi?

Unutmayın, aradığımız şeyi her zaman göremesek de, aramadığımız birçok şeyi göz ardı edebiliriz.

Detaylarda kaybolmak ile ayrıntılarda gezinmek farklı şeylerdir. Detaycılık bazen kimsenin göremediği ayrıntıları fark edebilmeyi sağlasa da, bazen de o kadar ayrıntının içinde büyük resmi görmeyi engeller. Elbette detaylar önemlidir; ne var ki, her insan cenneti de cehennemi de detaylarla kendisi yaratır.

Meydana gelen büyük yangında itfaiye şefi yanındaki itfaiye erlerinin elbiselerine, itfaiye arabasının tekerleğindeki çamura takılırsa o an detaylarda boğulur. Ancak söndürme işlemi sırasında hortumun taşa takıldığını fark edip sıkıştığı yerden kurtarılmasını sağlarsa ayrıntılarda gezinmiş olur.

Yerinde ve zamanında makul bir şekilde irdelenen detaylar, ayrıntılarda boğulmaktan çok ayrıntılarla nefes almayı sağlar.

Picasso'yu bilmeyeniniz yoktur. İspanyolların "corrida" adını verdiği boğa güreşlerine ve resimlerinde de boğa figürlerine fazlasıyla önem verir ressam.

Picasso, yukarıdaki boğa figürünü her seferinde biraz daha sadeleştirerek çiziyor. İlkinde gerçeğe çok yakın bir boğa görüyoruz. Sonrakilerde boğa aşama aşama sadelik kazanıyor, en sonunda da bütün fazlalıklarından ayıklanıyor. Son boğada sadece çizgilerden oluşan basit bir resme şahit oluyoruz. 3-5 çizgi ve birkaç elipsten oluşan çok basit bir çizim. Gördüğünüz son çizim, ressamın o seri içinde *The Bull* (Boğa) olarak adlandırdığı tek resimdir.

Biliyor musunuz, Steve Jobbs gibi başarılı bir birey olmayı amaçlayan genç tasarım öğrencilerine minimalleşmenin önemini anlamaları için bu 11 çizim, Apple'ın ünlü okulunda "Nasıl Picasso gibi çizilir?" adı ile ders olarak da veriliyor.

Burada Picasso'nun amacı ne olmalı?

Her bir seyirci için, "boğa" kelimesinin onlara özel olan anlamını tetiklemek. Ve ikincil olan her şeyi atarak öze inebilmek. Bu şekilde asıl önemli olanı kavrayabilmek.

Zaten Picasso da birkaç kelime ile gayet iyi özetliyor:

"Bir tablo sadece ona bakan seyircinin gözlerinde hayat bulur. Eğer tek bir gerçeklik olsaydı aynı konuda yüz tane resim yapmak mümkün olmazdı ..."

Bir İgnliiz üvnisertsineide ypalıan arşaıtramya gröe, keleimleirn hrfalreiinn hnagi srıdaa yzalıdkılraı ömneli dğeliimş. Öenlmi oaln briinci ve snoucnu hrfain yrenide omlsaımyış. Hfraliren srısaı krıaışk osla da ouknyuorumş. Çnükü kleimelrei hraf hraf dğeil bir btüün oalark oykuorumuşz.

Bütünü Görmek

O kadar çok insan var ki etrafımda detaylarda boğulan. Bu detaylar yüzünden büyük resmi, hatta yaşamı kaçıran...

Temel'le Dursun bir gün ormanda yürüyorlar. Bir ara Dursun Temel'e sesleniyor:

"Ula Temel, ormanın güzelliğine baksana."

Temel:

"Ula Tursun hanidur? Ağaçlardan göremiyorum ki!"

"Bakmak" ile "görmek" arasında uçurum vardır.

"Görmek" göz yardımıyla bir şeyin varlığını algılamak, seçmek; "bakmak" ise, bakışı bir şey üzerine çevirmektir. Bu şu anlama gelir: Her bakan göremez.

Düşünebilmek, hissedebilmek ve duyarlı olmak, maddi ve manevi her şeyin farkına varabilmek için en önemli fiillerdir. Düşünebilen, hissedebilen duyarlı bireyler görmek için bakmaya gereksinim duymazlar.

Öyle değil midir ki duymak istemeyenden daha sağırı, görmek istemeyenden daha körü yoktur bu hayatta.

Görmek, ama nasıl?

Bazen hayatta önemli olan, parçayı değil bütünü görebilmektir. Bu durumlarda bakış açısını genişletmek için hayata birkaç adım geriden bakmak gerekir. Bazen de önemli olan, her parçayı en ince ayrıntısına kadar incelemektir. Dikkat etmemiz gereken tek husus ağaçları incelerken ormanın güzelliğinden yoksun kalmamaktır.

Ayrıntılara yeterli dikkati göstermek ama bütünü de ihmal etmemek gerekir. Ayrıntıya verilen değer, bütüne etkisi olduğu katkı oranında olmalıdır.

Hayatımızda birçok alanda bu durumun yansımalarını görebiliyoruz aslında. Doğu ülkelerinde yaygın olduğu kadar Batı'da da yer etmiş olan Holistik (Bütüncül) tıp yerini aşırı uzmanlaşmaya bıraktı.

Holistik bakış tıpta bir hastalığı veya bir organı değil "insanı" bütün olarak ele alıp tedavi etmek şeklindeydi. Hastalıklar bedensel, zihinsel ve ruhsal diye kategorize edilmeden, bir bütün olarak ele alınıp tedavi edilirdi. Ancak şu an doktorlar bir organa odaklanıp, o organla alakalı sorunları düzeltmeye çalışırken vücudun başka sistemlerini de bozabiliyorlar.

Juan adında bir Meksikalı, motosikleti ile Meksika sınırına gelir. Aracın arkasındaki iki büyük çantayı gören sınır polisi şüphelenir ve içinde ne olduğunu sorar. Juan, "Sadece kum var" diye yanıt verince polis çantaları açmasını ister. Juan açar çantaları. Polis didik didik kontrol etmesine rağmen kumdan başka bir şey bulamaz. İyice şüphelenen polis kumu her türlü tahlilden geçirtir ancak sonuç yine aynı, kum bildiğimiz kumdur. Çaresiz, çantaları teslim eder Juan'a ve sınırdan geçmesine izin verir.

Ertesi gün Juan, motosikletinin arkasında iki çantayla tekrar sınırdadır. Polis yine durdurur onu, didik didik arar çantaları ve yine bir şey bulamaz. Juan elini kolunu sallayarak tekrar sınırdan geçer.

Bu olay, yıllarca böyle devam eder. Polis emekli olur. Bir gün emekli polis Meksika'da bir barda otururken Juan'a rastlar ve yakasına yapışır:

"Senin yıllardır bir şeyler kaçırdığını adım gibi biliyorum. Düşünmekten geceleri uyku uyuyamıyordum senin yüzünden. Lütfen anlat bana ne kaçırdığını? Aramızda kalacağından emin olabilirsin."

Juan gülümseyerek yanıtlar: "Motosiklet."

Ağaçlara takılıp ormanı, çantalara takılıp motosikleti gözden kaçırmamaktır hayat biraz da.

Bir gün, hayatındaki engelleri aşamamaktan yakınan bir adam dostlarının da tavsiyesi üzerine kulübesinde yalnız başına yaşayan bir bilgenin yanına gelir ve "Efendim ben, önüme çıkan engellerin hiçbirini aşamıyorum. Ne yapmam gerekiyor?" diye sorar.

Bunun üzerine bilge, adamı da yanına alarak pencerenin önüne kadar gelir. Camda kanatlarını açmış ve dışarı çıkmak için çırpınan bir kelebek vardır. Kelebek yorulmaksızın dışarıya çıkmaya çalışmakta, devamlı olarak cama çarparak yere düşmektedir. Bilge yavaşça, kelebeğin çıkışını kolaylaştırmak için camı açar. Ama bu da işe yaramaz. Kelebek çırpındıkça çırpınıyor ve her defasında cama çarpmaya devam ediyordur.

Bunun üzerine bilge, yanındaki adama döner ve şunları söyler:

"Kelebek dışarı çıkması için gerekli olan tek yolun, şeffaf oldukları için dışarıyı gösteren, ama gerçekte kapalı olan camlar olduğunu sanıyor. Oysa birazcık geri çekilip şöyle genel bir bakış açısıyla baksa, onun dışarı çıkması için kocaman bir açık pencerenin olduğunu görecektir. Ne var ki, bütünü göremeyip sadece bir noktaya odaklandığı için, kendisini odanın içinde tutsak kalmaya mahkûm ediyor.

İşte hayat da bazen önümüze aşılmayacak engeller çıkarır ve yaşamı adeta bize dar eder. Bu durumda yapılması gereken tek şey, bir iki adım geri çekilmek ve sakin bir kafa ile düşünerek, genel bir kavrama becerisi ve bakış açısıyla yeniden hareket ederek çıkış yolunu tekrar aramak ve bulmaktır."

Kültürel Farklar Üzerine

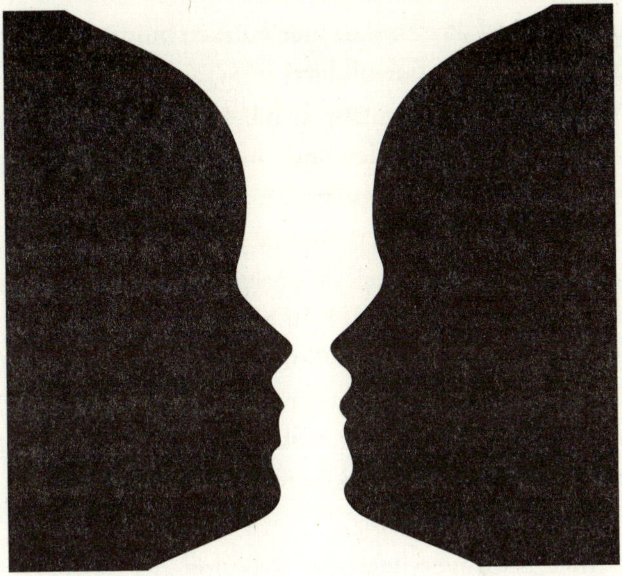

Yukarıdaki şekle şöyle bir göz atın. İlk anda gördüğünüz nedir? Vazo mu? İki insan suratı mı?

Gestalt kuramcıları insanların nesneleri algılamalarındaki başlıca etkenin zemin ve şekil arasındaki ilişki olduğunu söylüyorlar. Şekilde eğer beyaz kısma odaklanırsanız bir vazo, siyah kısma odaklanırsanız birbirine bakan iki yüz görüyorsunuz. Her ikisi de doğru elbet.

Psikolojide Biyolojik, Nörobilimsel, Sosyokültürel, Bilişsel vb. bazı yaklaşımlar vardır. Her bir yaklaşım bireyin neden belirli bir biçimde davrandığına dair farklı açıklamalar getiriyor. Ben konuya Sosyokültürel açıdan kısaca değineceğim.

Sosyokültürel yaklaşım, sosyal ve kültürel etkilerin insan davranışlarına olan etkilerine odaklanır. İnsan davranışlarında sosyal ve kültürel çevrenin etkisi oldukça fazladır. Dolayısıyla farklı kültürlerde davranışların farklı anlamları olması demektir bu. Bireylerin davranışları incelenirken bulundukları kültürün hesaba katılması önemlidir.

Rus psikolog Lev Vygotsky de bilişsel gelişimin kaynağının, kişisel psikolojik süreçlerden önce, insanlar ve kültür arasındaki etkileşim olduğunu vurgular.

Vygotsky'ye göre tüm psikolojik süreçler, insanlar arasında paylaşılan sosyal süreçlerle başlar. Bunun en açık örneği "dil"dir. Sosyal çevremiz bizi belli kalıplara, kategorilere ayırır. Örneğin; kısa, uzun, zengin, fakir, yakışıklı vb. Sonuçta bütün kişisel psikolojik süreçler, kültür tarafından biçimlendirilmiş sosyal süreçler olarak başlar. Dolayısıyla bilişsel gelişimde de insan ve kültür arasındaki etkileşim oldukça etkilidir.

Şöyle bir örnek vereyim:

Michigan Üniversitesi'nde Psikolog Richard Nibsett, Amerikalı ve Çinli iki grubun denek olarak kullanıldığı bir araştırma yapıyor. Deneklerin bir fotoğrafa bakmaları isteniyor. Fotoğrafta, önde bir kaplan, geri planda ise bir orman mevcut.

Bu deney için Nibsett gözlerin hareketini kaydedebilen bir alet kullanıyor. Deneklere bahsettiğim fotoğrafa benzer 40'a yakın fotoğraf daha gösteriliyor. Ön tarafta belirgin bir nesne ve arka planda daha az belirgin bir fon olacak şekilde. Yapılan deneyler sonucunda Çinlilerin arka plandaki bölgelere (ormana) daha dikkatli baktıkları gözlemlenirken, Amerikalıların kaplana (ön bölgeye) odaklandıkları görülüyor.

Nibsett'e göre bu farkın sebebi, Asyalıların daha bütünsel (holistik) bir bakışa (küresel bir vizyona) sahip olmaları. Ona göre insanların olaylar karşısında ne algıladığı kişiye göre değişiyor ve herkes dünyayı aynı şekilde görmüyor. Davranışların, öğrenmenin ve algılayabilmenin sosyokültürel yanını da dikkate almakta fayda olduğu açıkça görünüyor.

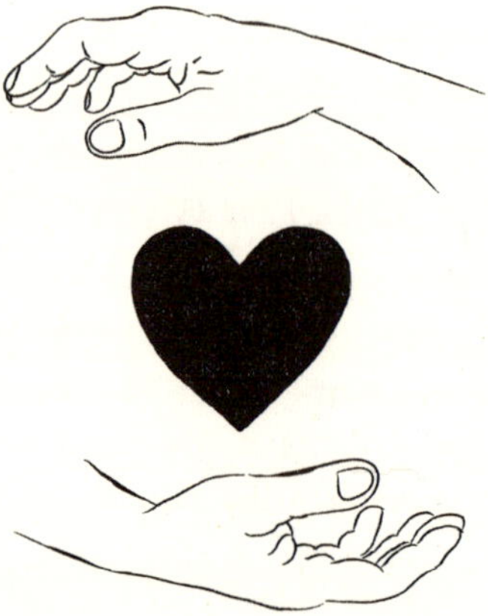

"Âşık olmak" ile "sevmek"
arasındaki farkı sormuşlar.
Şöyle cevaplamış Şems:
"Senin baktığına herkes bakar.
Ama senin onda görebildiğini
herkes göremez.
Herkes âşık olabilir.
Ama hiç kimse senin gibi sevemez.
Tek fark sensin.
Seni özel kılan sevdiğin değil, sevgindir."

Aşk Nedir?

Bazı düşünür ve yazarların aşk tanımlarını sizin için derledim:

Aşk nedir?

Freud: *"Libidodur."*

Mevlana: *"Ben ol da bil!"*

Platon: *"Ciddi bir akıl hastalığıdır."*

Descartes: *"Ruhun bir heyecanıdır."*

Aristofanes: *"Diğer yarımızı aramaktır."*

Oscar Wilde: *"Karşılıklı bir yanlış anlamadır."*

Goethe: "Zaman kaybından başka bir şey değildir."

Sokrates: *"Gençler için trajedi, ihtiyarlar için komedidir."*

Tolstoy: *"Daima kişisel yararlar duygusundan vazgeçme halidir."*

Ahmet Hamdi Tanpınar: *"Hayatın içimizde gülümseyen yüzüdür."*

Sophocles: *"Hayatın ağırlığını ve acısını unutturan tek bir sözcüktür."*

Chamfort: *"Karşılıklı iki geçici hevesten iki vücudun yakınlaşmasıdır."*

Schopenhauer: *"İnsanın türünü sürdürebilmesi için kurulmuş bir tuzaktır."*

Biliyorum, bu kitap içinde cevabı en zor olan sorulardan bir tanesi...

Dervişe "Aşk nedir?" diye sormuşlar. "Aşk bağışlamaktır" demiş.

Asıl ihtiyacımız olan "çünkü"lü sevgiler değil ki.

"Seni seviyorum, çünkü..."

Herkes böyle sever zaten. Bizim muhtaç olduğumuz asıl "rağmen"li aşklar. Aşkın gücü "rağmen"li cümlelerde saklıdır. Zor olanı budur.

Herkes, herkese "... rağmen seni seviyorum" diyemez.

Hani Özdemir Asaf demiş ya:

"Herkes fazlasıyla sevmiş, ben eksikleriyle de sevdim."

Bazen eksikleriyle de sevebilmektir aşk.

Aşk nedir biliyor musunuz aslında?

"Sizin ondaki yansımanızdır. Sizsiniz!"

Aşk:

Bazen onun tuz yumağına dönmüş ilk yaptığı yemeği, sırf o kırılmasın diye iştahla yemektir.

Bazen onunla biraz daha sarılıp uyuyabilmek için işe geç kalmayı yeğlemek, patronuna olmadık bahaneler üretmektir.

Bazen el değmemiş bedenini tereddütsüz ona sunmaktır.

Bazen onun istediği gibi giyinmektir.

Aşk bazen ölçüsüzlüktür.

Ve bazen nefret etmektir.

Bazen de iki kişilik senaryo, tek kişilik ölümdür.

Öyle ya da böyle nihayetinde:

"Aşk senin ondaki yansımandan başka bir şey değildir."

Şems'in dediği gibi:

"Tek fark sensin."

Bir İspanyol atasözü şöyle der:

"Quien se casa por amores, ha de vivir con dolores."

Kim aşk için evlenirse, acılarla yaşamak zorundadır.

Aşk mı?
Çocukken radyonun içinde
insanlar var sanmak gibi bir şey...

Yolunda Gitmeyen Evlilikler Üzerine

Hint asıllı Amerikalı oyuncu Aziz Ismail Ansari, *Modern Romance* adlı kitabında şöyle bir düğünü anlatıyor:

"Evlilik yeminleri o kadar güçlüydü ki. Birbiri için muhteşem sözler söylüyorlardı. 'Sen hayatımdaki tüm renkleri içine çeken ve gökkuşağına dönüştüren bir prizmasın' gibi..."

Düşünsenize, daha hikâyenin başı ve romantizmde çıkılabilecek en tepeye çıkılmış bu sözlerle. Dahası yok, gidilebilecek bir metre bile yer kalmamış. Başlangıç öylesine coşkulu ki o duyguyu bir daha asla yakalayamayacaksın belki de. Ve sonuç: Ayrılık.

Başka bir ateşli örnek de müzisyen Fedez'in Chiara Ferragni'ye söylediği evlilik yemini:

"İnsanın iki kusuru vardır. Hep geç kalmak ve söz vermek. Geç kalmayacağıma söz veremem ama sana söyleyebilirim ki geç kalsam da her zaman orada olacağım."

Sanırım hâlâ evliler. Yorum yapmayacağım. Allah mesut etsin.☺

İnsan, her şeyde olduğu gibi, iyi bir ilişki için de önce kendini tanımalıdır bana kalırsa.

Öyle evlilikler var ki evliliği ayakta tutan tek şey *terk edilme korkusu*. Adamda ego öylesine tavan yapmış bir durumda ki, vazgeçilmez olmadığı gerçeğinin yüzüne vurulmasını kabul edemediğinden evliymiş gibi davranmaya devam ediyor. Yoksa kimsenin sonsuz aşkı falan aradığı yok.

İnsan bazen de hep olmadık şairlere şiir olur, ondandır bu mutsuzluğu.

Bazıları da içinde beslediği sevgiden ötürü evlenmez. Aslında hissettiği karşısındakine her istediğinde ulaşamamanın, sahip olamamanın verdiği yalancı sevgidir.

Sevilmek ihtiyacı hissettiğinden dolayı aşka düşmüş insanlar vardır bir de; âşık olduğunu sananlar. Evlenip birbirlerinin başını yakanlar.

Hani derler ya aşkın gözü kördür diye. Bazı yalancı âşıklar da kör değil, aksine hipermetroptur. Yanı başındaki dururken, gider uzakları daha net görür bu âşıklar.

Bazıları da içinde yaşadığı cehennemden kendisini kurtaracağını zannederek, kendisini başka bir cehenneme sürükler âşık olduğunu sanıp evlenerek...

Tüm bu yanılgıların nedeni kendini tanıyamamaktan geçer inanın. Sen nesin? Ne istiyorsun? Ne yapmaya çalışıyorsun? Amacın ne? Cevap sıfır!

Tüm bu durumlarda her aşkın kendine has bir dili varmış gibi görünse de, en sonunda hepsi aynı şeyi fısıldar: Unut onu...

Evlisin ve aynı evde ona ait olduğunu bildiğin, ama görsen tanıyamayacağım bir yüz var düşünsenize. Ve tadını çoğu kez dudaklarında hissettiğin, ama kime ait olduğunu bilmediğin bir beden. Kapısını çaldığın ve içeriye, belki de başkası var diye alınmadığın bir kalp. Bu mudur evlilik?

Sonra zamanla anlıyor ki insan, dünyaya sığdıramadığı o aşk, o evlilik kurumu gün gelip tek bir "elveda"ya sığıyormuş...

Ve en nihayetinde filmin sonu:

"Bu evliliği yaşayan kişilerin ve yaşanan olayların gerçekle bir bağı yoktur, hepsi kurmacadır. Hayal belediyesine katkılarından dolayı teşekkür ederiz. The end!"

Çoğu evlilik kurumu bunu başaramasa da, kendilerine itiraf edemeseler de kural aslında basittir: Çıkmaz bir evliliğe girdiysen, kurtulmanın tek yolu, ne yazık ki, geldiğin o yolu tekrar geri dönmektir.

Bunu çoğu birey başaramaz. Aslında her şey nettir. Yolunda gitmeyen bir evliliğin bariz işaretleri vardır görmek isteyen için. Yıkıcı eleştiriler başlar ilk etapta. "Yine beceremedin!" "Beni artık sevmiyorsun!" gibi darbe etkisi yaratan cümlelerle doludur ilişki.

Alaya almayla karışık aşağılama başlar sonra. "Bu ne biçim elbise!" "Saçın hiç güzel olmamış!" "Çalışacaksın da ne olacak!" gibi inceden küçümsemeler baş gösterir.

Hataları karşı tarafa yıkmak da bariz işaretlerdendir. Bu bir nevi yolunda gitmediğini fark ettiğin ilişkinin hatasını karşı tarafa yükleme becerisidir.

Ve en uç noktada engellemeler başlar. İlişkinin son demleridir bunlar aslında. İletişim sıfırdır. Kendini o eve ait hissetmemeye başlarsın. Eşinin her hareketi batar sana, engellemeye çalışırsın.

Dostoyevski'ye göre dünyanın en zor hissi; kendini ait hissetmediğin bir yerde bulunma zorunluluğudur. Bu şartlarda evliliği sürdürmenin ne anlamı var dersiniz?

Evlilik iki kişi arasında geçen kıyasıya bir rekabet olmanın aksine, hayattaki sorunlara bir çözüm getirdiği; hayatı beraber daha katlanılabilir kıldığı sürece ve beraber eğlenebildiğiniz, acıya beraber göğüs gerdiğiniz diğer yarınızı bulduğunuz takdirde evliliktir.

Yetmişlerine merdiven dayadıkları halde, bir çift boşanmak için mahkemeye başvurmuş. Hâkim yaşlı çifte sormuş:

"Bunca yılın ardından ne diye ayrılmak istiyorsunuz?"

Yaşlı kadın cevap vermiş:

"Hâkim bey, aslına bakarsanız bir ay öncesine kadar aklımın ucundan böyle bir şey geçmiyordu. Eşim bir gün bana mineçiçeği getirdi. Çiçekleri çok severim. Mineçiçeği aşırı su isteyen bir çiçekmiş ve kocam da düzenli aralıklarla eğer sulanmazsa çiçeğin solacağını söyledi. Ben kemik rahatsızlıkları olan biriyim. Her gece uykudan kalkıp çiçeği sulamam gerektiği halde, fark ettim ki kocam bir kez bile olsun, benim bu hastalığıma rağmen, gece kalkıp da bir zahmet çiçeği sulamadı."

Hâkim kadını haklı bulmuş ama bir de adama sormuş:

"Söyleyecek bir şeyin var mı?"

Yaşlı adam cevaplamış:

"Eşimin anlattıkları kelimesi kelimesine doğru hâkim bey, tek bir şey dışında. Mineçiçeği tam aksine çok sulandığında ölür. Karımın kemik rahatsızlığının düzelmesi için düzenli egzersiz yapması gerekiyor. Ama eşim bunu yapmadığı için ben de bu yalanı uydurmak zorunda kaldım. O da çiçek ölmesin diye her gece kalkıp sulamak zorunda kaldı.

Her uyandığında ben de zaten uyanık olurdum. Eşim işini bitirip uyuduğunda gider çiçeğin suyunu boşaltır, hatta peçetelerle toprağını kuruturdum. Sonra da yatağa gelip, bana hayat kaynağı olan, canımdan çok sevdiğim eşimi doya doya severdim..."

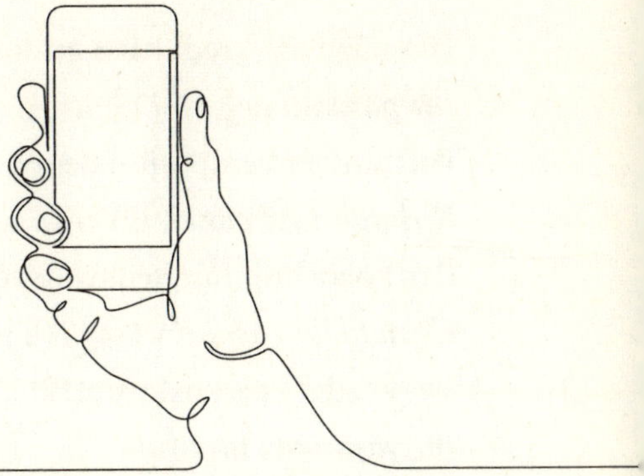

Teknolojinin Darbesi: Unutkanlık

Evler büyüdü.
Ama aileler küçüldü.
Hanelere televizyon girdi.
Biz okumayı unuttuk.
Arabalarımız oldu en yenisinden.
Biz yürümeyi unuttuk.
Evlere klimalar girdi en kalitelisinden.
Serinlemek için ağaçların altına oturmayı unuttuk.
Büyükşehirlerde yaşamayı öğrendik.
Köyde yağmur kokusunu unuttuk.
Ceplerimize telefonlar girdi en akıllısından.
Biz muhabbet etmeyi unuttuk.
Bilgi arttı.
Ama vicdanımızı kullanmayı unuttuk.
Elimizin altına bilgisayar geldi.
Postacıları unuttuk.

Her cüzdana kredi kartı girdi.
Biz paranın değerini unuttuk.
Parfümlere verdik tüm değeri.
Kırlarda taze çiçeklerin kokusunu unuttuk.
İlaç kolay bulunur, tedavi çabuk edilir oldu.
Hastalıklar çoğaldı ve sağlıklı yaşamayı unuttuk.
Ve o kadar çok koşturduk ki...
Biz yaşamayı unuttuk.

Sizin için şuraya kesin bir önerme yazıyorum:

"Bir sonraki sayfada yazan cümle doğrudur."

"Bir önceki sayfada yazan cümle yanlıştır."

Bir düşünün bakalım. Belki de değildir. Ne dersiniz?

Hepiniz Yalancısınız!

Avrupa'nın en eski medeniyeti sayılır Girit. Aranızda giden var mı bilmiyorum? Hem tarihi doku, hem doğa güzelliği ile favori yerlerimden. Özellikle de sonbaharda... Kalabalıkla arası olmayanlar, adanın tadını çıkarmak isterlerse tavsiyem olsun.

Yazın tam ortasında gidin de görün Anya'yı Konya'yı.

Yok; Hanya'yı Konya'yı.

Yok yok, Hanya'yı Gonia'yı.

Ya da Hanya'yı Kandiye'yi miydi?

Bu durum Girit'te resmen Küçük Venedik'i andıran Hanya'ya uğradığım zaman dikkatimi çekmişti. Konya ile bir şekilde bağlantısını kuramadığım için biraz araştırayım dedim.

Osmanlılar, Girit Adası'nı fethederken Hanya istikametinden giriyorlar adaya. Hanya'nın 20-30 kilometre batısında da Gonia (Gonya) adıyla bir bölge ve görkemli bir manastır var. O Konya bu Gonya mı bilemiyorum? Bazıları lafın esasen "Görürsün Hanya'yı Kandiye'yi" olduğunu da söylüyor. Kandiye de şirin bir liman kenti Girit'te.

Bunları neden anlattım bilmiyorum. Biz gelelim asıl konumuza.☺

Yüzyıllardır kafaları kurcalayan bir önceki sayfadaki bu doğru-yanlış paradoksu aslında Giritli bir filozofun "Bütün Giritliler yalancıdır" demesiyle baş gösterdi.

Epimenides'in bu ölümsüz ifadesi genelde Epimenides paradoksu olarak bilinir. Yalancı paradoksu veya Giritli paradoksu olarak da karşınıza çıkabilir.

Paradoksun nedenini şöyle açıklayabilirim:

- Bir düşünelim. "Bütün Giritliler yalancıdır" önermesi doğru ise, Giritli olan Epimenides'in de yalancı olması gerekir. Eğer Epimenides yalancıysa, o zaman "Bütün Giritliler yalancıdır" önermesinin de yanlış olması gerekir. Önerme hem doğru hem yanlış olur bu şekilde. Yalnız bir önerme hem doğru hem yanlış olamaz.

- "Bütün Giritliler yalancıdır" önermesini yanlış olarak kabul edersek, o zaman Giritli olan Epimenides'in de doğru söylüyor olması gerekir. Öyleyse, "Bütün Giritliler yalancıdır" önermesi doğru olmalıdır. Yine ortada bir çelişki var.

Cidden kafam şişti. Ne paradoksmuş arkadaş!

Bu tıkanıklığı aşmanın bir püf noktasını bulmuşlar aslında.

"Bütün Giritliler yalancıdır" önermesinin tersi "Bütün Giritliler doğruyu söyler" değildir.

"En az bir Giritli doğruyu söyler" olması gerekmektedir diyor bazı matematikçiler.

Matematikçiler "bütün" kelimesinin tersinin "en az bir" kelimesi olduğunu keşfedip bu paradoksu ortadan kaldırmışlar. Çünkü "Bütün Giritliler yalancıdır" önermesi yanlışsa, "En az bir Giritli doğruyu söyler" önermesi doğrudur. Bunlardan birinin Epimenides olması mümkün olduğu için, paradoks ortadan kalkar.

Matematikçiler doğru mu karar vermişler, yoksa işin kolayına mı kaçmışlar onu size bırakıyorum. Ama emin olduğum bir şey var ki; iyi yapmışlar.

Hayatını bu tarz cevaplanması zor sorularla cehenneme çeviriyor çoğu insan! Karamsarlık diz boyu; sadece nefes alan, bitkisel bir yaşantı süren insanlar.

Hayatı güzel hale getirmek bizim elimizde. Tüm olumsuzlukların içinden cımbızla da olsa güzellikleri ayıklayabilmeli insan.

"Bütün insanlar kötü" diyen o kadar karamsar insanlar var ki çevremde. Bu genellemeler insanı mutsuz eder. Siz de matematikçilerin yaptığı gibi bir püf noktası bulun ve:

"En az bir insan iyidir" deyin. Onu da bulun. Bütünüyle kötü olduğunu düşündüğünüz her şeyin içinde en az bir iyi vardır, unutmayın. Siz iyiliği çağırın, iyiyi çağırın. Olumlu düşüncenin bulaşıcı etkisi vardır. İyi düşünün, iyi olsun.

"Koca bir asrı, birkaç haramzade
evladına bırakarak mahkûm edemeyiz.
Bir çağı bütünüyle kötülemek,
bütünüyle yüceltmek kadar yanlış."
Bu Ülke, Cemil Meriç

Genelleme Yapmak Üzerine

Nedense yurdum insanında fazlasıyla genelleme yapma hastalığı var. Bir genelleme de ben yapmış oldum sanki. İdare edin.☺

Çoğumuzun ortak özelliği bu. Her nevi konuda –politikadan spora, magazinden tarihe– bir İsviçreli bilimadamı edasıyla emin bir şekilde genelleme yapabiliriz.

Hacivat ve Karagöz gölge oyununu izleyenler belki hatırlar. Hacivat bir gün aldığı bir şapkayı Karagöz'e gösterir.

Karagöz, "Bana ne!" der.

Hacivat da, "Öyle denmez Karagözüm. Güle güle giy, başında paralansın diyeceksin" diye uyarır.

Bir süre sonra Hacivat odun aldığını söyler Karagöz'e.

Karagöz de, "Güle güle giy, başında paralansın" der.

Hacivat da "Öyle denmez, güle güle yak, otur da külüne bak diyeceksin" diye uyarır tekrar.

Aslına bakarsanız günlük hayatımızın her anında farkında olmadan genelleme yapabiliyoruz. Kız çocuğu olan bir baba için bütün erkekler potansiyel tehlike olarak görünür. Ah o anneler hele. Tam bir anne hastalığıdır bu. Bir kere bir hata yapmayıverin, artık hayatınız boyunca yapıp yapmadığınız ne varsa sizden sorulabilir.

Peki, şunlara ne demeli?

A şehrinden adam mı çıkar yahu!

B şehrinin kızları var ya, ulan be!

Erkek milleti değil misiniz hepiniz!

İnsanlar çok ikiyüzlü olmuş!

Kim bu erkekler? Kim bu insanlar arkadaş?

Çoğu zaman da başarısızlıklarımız neden olur bu hastalığa. Kafasında yarattığı şeye öylesine inandırır ki kendisini insan, bu algısını kırmak neredeyse imkânsızdır.

Herhangi bir spor dalını deneyen ve başarısız olan bir kişi için kendisini anlatacak tek söz vardır: "Spor bana göre değil abi!" Belki de basketbolda başarısız olan bu kişi, masa tenisinde çok başarılı olacaktır, ama bir kere genelleme yapılmıştır kafada.

Mehmet Rauf, *Eylül* romanında şöyle diyor:

> *"Hep kabahat, genelleme yaparak sonuç çıkarmada! Sınırlı bir bakış açısıyla bakıp genellemek... İşte bir cinayet!"*

Evet, bu bir cinayet. Bazen başkalarını öldürdüğümüz, bazen de kendimize kıydığımız bir cinayet.

X markasına ait bir reklam vardı. Her izlediğimde gülesim gelir. Reklamda iki inek sohbet eder. Biri diğerine sorar:

"E biz neden X ayran içmiyoruz?"

Diğer akıllı, pişkin pişkin cevap verir:

"Çünkü biz ineğiz!"

Açıkçası ben hiç o marka ayranı içmedim. Siz içtiniz mi bilmiyorum? Soruyorum size: E biz neden X ayran içmiyoruz?

Çünkü biz...

Yaşam ve özellikle insan denen varlık genelleme yapılamayacak kadar karmaşık. Ben bu kanserin panzehrini sevgi ile yeniyorum. Zengin, fakir; kadın, erkek; Müslüman, Yahudi gibi ayırımlardan uzak durarak alt ediyorum bunu. İnsanı sadece insan olduğu için seviyorum.

Her şeyin bu kadar eşsiz yaratıldığı bir dünyada genelleme yapmanın kolaya kaçmak olduğunu, insanın hayatına ve en önemlisi Yaradan'ın eseri olan bu çeşitliliğe saygısızlık olduğunu düşünüyorum.

Beynimiz bize olumlu ve olumsuz genellemeler yapar biz farkına varmasak da. İşin kötüsü, beynimiz bu genellemeleri yaparken bizim anlayacağımız dilden olumlu/olumsuz gibi filtreler kullanmaz. Bu düşünceler artık otomatik bir hal alır bizde.

Trafikte kırmızı ışığa yakalan birinin kendisine "Ne kadar şansız adamım, hep mi beni bulur bu ışık!" demesi beynimizin bizi yapmaya zorladığı olumsuz genellemelerden sadece bir tanesi. Böyle durumlarda birkaç saniye bekleyip derin bir nefes almak ve objektif bir değerlendirme yapmak inanın işe yarayacaktır.

Gelmiş geçmiş en eski genellemelerden bir örnek verip konuyu sonlandırmak istiyorum.

Sinoplu Diyojen Atina'ya sürüldüğünde delilikleriyle nam salmıştı. Her ne kadar Büyük İskender'e "Gölge etme başka ihsan istemem" demesiyle bilinse de tek çılgınlığı bu değildi.

Platon bir gün şu genellemeyi yaptı insan için: "İnsan iki ayaklı tüysüz bir hayvandır." Diyojen bunu duyunca eline bir tane tavuk aldı, tüylerini yolup Platon'a getirdi. "Eğer dediğin doğruysa bu tavuğu insan olarak akademiye kabul et ya da hatanı kabul et."

Platon Diyojen'i haklı buldu ve hatasını kabul ederek fikrini şöyle düzeltti: "İnsan tüysüz, iki ayaklı ve geniş düzgün tırnakları olan bir hayvandır."

Vallahi, ben üstüme alınmıyorum!

Lao Tzu'nun karar vermek üzerine çok güzel bir öyküsü vardır:

Köyün birinde yaşlı bir adam yaşarmış. Oldukça fakir. Ama kral bile onu kıskanırmış. Beyaz bir atı varmış herkesin dilinde olan. Kral atını alabilmek için koca bir hazine teklif etse de yaşlı adam satmaya yanaşmamış.

"Bu at, bir at değil benim için. O benim kıymetli dostum. İnsan dostunu satar mı hiç?" dermiş hep.

Bir sabah bakmışlar ki, atın yerinde yeller esiyor.

Köylü toplanmış hemen ihtiyarın başına, başlamışlar söylenmeye:

"İhtiyar bunak! Bu atın sana yâr olmayacağı, çalacakları besbelliydi. Krala satmış olsaydın hayatını yaşayacaktın. Şimdi ne paran var ne de atın."

İhtiyar "Karar vermek için acele etmeyin" demiş. Sadece 'At kayıp' deyin. Çünkü gerçek olan bu. Bunun dışındakiler sizin yorumunuz ve kararınız. Atımın kaybolması talihsizlik mi yoksa şans mı bilmiyoruz."

Köylüler ihtiyarın söylediklerine kahkahalarla gülmüşler. Ama at bir gece ansızın dönmüş geri. Meğerse kimse çalmamış atı zaten, dağlara gitmiş kendi kendine.

Dönüş yolunda da, vadide denk geldiği 12 vahşi atı peşine takıp getirmiş.

Köylüler, ihtiyar adamdan özür dilemişler.

"Sen haklı çıktın ihtiyar. Atın kaybolması şanssızlık değil, tamamen bir devlet kuşu oldu senin için. Bir sürü atın var artık."

"Yine acele karar veriyorsunuz" demiş ihtiyar. "Sadece atın geri geldiğini söyleyin. Tek bildiğimiz bu. Sonrasının ne getireceğini bilmiyoruz. Sadece ilk cümlesini okuduğunuz bir kitap hakkında nasıl doğru fikir yürütebilirsiniz?"

Köylüler bu sefer ihtiyarla alay etmemişler açıktan, ama hepsi içlerinden "Bu herif sahiden kafayı yemiş" diye geçirmişler.

Birkaç gün sonra, ihtiyarın tek oğlu vahşi atları terbiye etmeye çalışırken attan düşmüş ve ayağını kırmış. Evin geçimini bir tek bu çocuk sağlıyormuş ve şimdi uzun zaman yatakta kalacakmış. Köylüler gene gelmişler ihtiyarın yanına:

"Bu sefer de haklı çıktın. Bu atlar yüzünden tek oğlun uzun süre yatalak kalacak. Sana bakacak başka kimse de yok. Şimdi eskisinden daha fakir, daha perişan bir durumda olacaksın."

İhtiyar, "Sizde erken karar verme hastalığı var sahiden" demiş. "Bu ne acele? Evet, oğlum bacağını kırdı. Gerçek olan bu. Diğerleri sizin hüsnükuruntunuz. Hayat böyle küçük parçalar halinde gelir ve ondan sonra neler olacağını asla tahmin edemezsiniz."

Birkaç hafta sonra, düşmanlar devasa bir ordu ile şehre saldırmış. Kral eli silah tutan bütün gençleri askere çağırmış. İhtiyarın kırık bacaklı oğlu hariç, bütün gençleri askere almışlar. Köyde bir matem havası. Çünkü savaştan galip çıkılması imkânsızmış. Giden gençlerin ya ölü haberi ya da esir düştükleri haberi gelecekmiş. Köylüler, ihtiyara uğramışlar:

"Haklı olduğunu zaman gösterdi" demişler. "Oğlunun bacağı kırık, ama en azından yanı başında. Bizimkiler öyle mi? Bir daha asla göremeyeceğiz belki de. Oğlunun bacağının kırılması, talihsizlik değil, büyük şansmış ihtiyar..."

"Siz erken karar vermeye devam edin" demiş, ihtiyar. "Halbuki ne olacağını kimseler tam anlamıyla bilemez. Bilinen tek bir şey var ki, benim oğlum yanımda, sizinkiler ise askerde. Ama bunların hangisinin iyi, hangisinin kötü olduğunu sadece Allah biliyor."

Lao Tzu, öyküsünü şu nasihatle tamamlarmış bu hikâyeyi her anlattığında:

"Acele karar vermeyin. O zaman sizin de herkesten farkınız kalmaz.

Hayatın küçük bir parçasına bakıp tamamı hakkında karar vermekten kaçının. Karar aklın durması halidir.

Karar verdiniz mi, akıl düşünmeyi, dolayısı ile gelişmeyi durdurur.

Buna rağmen akıl insanı daima karara zorlar.

Çünkü gelişme halinde olmak tehlikelidir ve insanı huzursuz yapar.

Oysa gezi asla sona ermez. Bir yol biterken yenisi başlar.

Bir kapı kapanırken, başkası açılır. Bir hedefe ulaşırsınız ve daha yüksek bir hedefin hemen oracıkta olduğunu görürsünüz."

"İnsan kendinin ve tüm yaşadıklarının
öğretmeni değil midir?
Yanlış seninse, ondan edindiğin tecrübe de senindir!"
Bazı Yollar Yalnız Yürünür, Özgür Bacaksız

Karar Vermek Üzerine

Bu konu üzerine yazması gereken belki de son kişi benim. Çünkü hayatım boyunca almış olduğum doğru kararların tek bir ortak yanı var: "Hepsinin geç alınmış olması."

Karar veremiyoruz, çünkü yanlış yapmaktan korkuyoruz.

Yine de bana sorarsanız yanlış bir karar vermek bile, arada kalmaktan her zaman daha iyidir. Çünkü insan aldığı kararlardan dolayı değil, almadığı kararlar için pişmanlık duyar.

Mesleğini bir ömür boyu büyük başarılarla sürdüren yaşlı ustaya bu başarısının sırrını sorduklarında:

"Başarımın sırrı iki kelime..." dedi ve ekledi: "Doğru kararlar."

Doğru kararları nasıl alabildiğini sorduklarında:

"Tek kelime..." dedi ve ekledi: "Tecrübe!"

Tecrübenin sırrı sorulduğunda ise:

"Yine iki kelime..." dedi: "Yanlış kararlar!"

Bu usta gibi bazen yanlış kararların bizi doğruya ulaştıracak tek yol olduğunu bilerek karar almak gerek.

Her karar bir vazgeçiştir aslında ve bir seçim yapmayı gerektirir. Seçim yapmak ilk başta omuzlarımıza yüklenen koca bir yük gibi gelir. Aslında yola koyulmaktır bir karar verebilmek. Yeniliğe, başarıya açılan kapıdır. Yaşamın farkına varmaktır...

Karar verecekse şimdi vermeli insan.

Seçim yapacaksa şimdi yapmalı.

Yola koyulacaksa şimdi çıkmalı.

Ya da: "Sonsuza kadar sessiz kalmalı."

Kararlarımızı etkileyen birçok faktör var aslında. Doğru yer, doğru zaman... Ve bazen de yetinebilmek. Hayatın sunduğuyla barışık olmak. Çünkü başarmak istediği noktaya varamadığında insan, kendini yer bitirir. Başarıya ulaşacağı aşikâr olduğunda da hedefler hep daha ileriye taşınmış olur.

İnsan, hep kendine yük olma eğilimindedir çünkü.

Orta kararı asla bulamaz.

Bazen nerede duracağını bilmek gerekir bu yüzden. En önemli faktör ize zamanlamadır çoğu zaman. Zamanlama doğru karar vermek kadar önemlidir.

Yanlış zamanda alınan yanlış kararların sonucu *hüsrandır* çoğu zaman.

Doğru zamanda alınan yanlış karar *hata* ile sonuçlanır.

Yanlış zamanda alınan doğru kararlar *kabul edilmeme* riski taşır.

Doğru zamanda alınan doğru kararlar ise asıl *başarıyı* getirir.

İnsan yanlış karar verme korkusundan kendini kurtaramazsa, hayatı asla doludizgin yaşayamaz. Aslına bakarsanız kararlar doğru veya yanlış değildir. Kararlar karardır. Bu kadar net. Biz kendimize göre en iyisini seçmeliyiz sadece.

Bazı şeyleri tecrübe etmeden başarı imkânsızdır. Yanlış olduğunu düşündüğümüz kararlarımız aslında hayatımıza anlam katacak ve yön verecek tecrübelerimizdir.

Kimse İzlemiyormuş Gibi Dans Edin

İşinde oldukça başarılı yaşlı bir marangozun emeklilik zamanı gelmişti artık. Patronu olan müteahhide planlarından bahsetti. İşten ayrılacak, eşi, çocukları ve sevdikleriyle birlikte daha özgür bir yaşam sürecekti kalan yaşamı boyunca. Maddi olarak biraz daha mütevazı bir hayat yaşamak zorunda kalacaktı belki ama yorulmuştu. Emekli olmak istiyordu.

Müteahhit, onun gibi bir işçisini kaybedeceği için üzgündü. Marangozdan son bir iyilik olarak bir ev daha yapmasını rica etti.

Marangoz yılların verdiği hatırdan dolayı kabul etti bu isteği. Ama gel gör ki hiç isteyerek yapmıyordu evi. İşçilik baştan savmaydı, kullandığı malzemeler piyasanın en kalitesiz olanlarıydı. Koca bir ömrü adamış olduğu mesleğine böyle bir son vermek ne büyük talihsizlikti halbuki!

Tek derdi vardı: Bir an önce işi bitirmek. Bunun için her tür kolaycılığa ve ucuzluğa başvurdu. Evi tamamladığında, müteahhit evi görmek için geldi. Dış kapının anahtarını marangoza uzattı.

"Bu ev senin..." dedi marangoza. "Bunca yılın karşılığı olmasa da benden sana hediye." Marangoz şaşkındı, mahcuptu. Öyle utanmıştı ki!

Sizce o evi kendisi için yaptığını bilse böyle davranır mıydı dersiniz?

Hayat, gerçekten de dendiği gibi, bir kendin yap tasarımıdır.

Kendi hayatınızın marangozu sizsiniz.

Ve kaderin size ne güzellikler ve bu güzellikleri nasıl sunacağı belli olmuyor. Bu yüzden hep hazırlıklı olmakta fayda var. Nasıl mı?

Unutmayın.

Hiç incinmeyecekmişsiniz gibi sevin.

Paraya ihtiyacınız yokmuş gibi çalışın.

Kimse izlemiyormuş gibi dans edin.

Ne diyordu Nietzsche:

"Müziğin sesini duymayanlar dans edenleri deli sanırlar."

Biliyor musunuz?
İnsan ummadığı zamanda ilgi görünce
hele bir de sevildiğini hissedince
yol kenarındaki çiçeğe bile gülümsüyor.

İlgi Üzerine

İnsan da her canlı varlık gibi ilgi ile büyüyor. Büyümekten kastım yaş almak değil elbet. Yaşamak.

İnsan ne yaparsa sevdiğinden dolayı yapar. Ama bir zamandan sonra kendisi için de savaşıldığını görmek ister. Bu bencillik değildir aslında. İlk doğduğu günden itibaren ilgiye muhtaç olarak yaşamına devam eden insanın kaçınılmaz yazgısıdır sadece.

Size bir şey diyeyim mi? Hâlâ vakit varken, kaldığınız yere ayracı koyun şimdi, bırakın ne işiniz gücünüz varsa ve sevdiğinizle ilgilenin. Bu en büyük başarıdır bence hayattaki. Öyle çok büyük fedakârlıklardan bahsetmiyorum inanın. Hayat çok basit ama çok ince şeylerden oluşur:

- O konuşurken dinleyin. Ne kadar basit değil mi? Sadece dinleyin. Bu *samimiyettir.*
- Çok süslü kelimeler gerekmez çoğu zaman. Ona sarılın, omzuna yatın, film izlerken elini tutun. Bu "Seni seviyorum" demektir.
- Hasta olduğunda ilgilenmek, onunla muayene sırasında beklemek "Sana değer veriyorum" demektir.
- Değişen saç stilini fark etmek "Seni beğeniyorum" demektir.
- En sevdiği yemeği yapmak "Seni düşünüyorum" demektir.

Bu liste böylece uzar gider. Elbet sadece aşk ve evlilik üzerine değil bu öneriler. Tüm ilişkilerimizde bu tarz basit fakat uygulaması bir o kadar atlanan detaylar önem kazanıyor.

Bazı insanlar vardır, kendi mutluluklarını ilgilendiren tüm işler çok önem arz eder. Bu insanlardan uzak durun. Çünkü onlar için hep teferruat olarak kalırsınız.

Stanford'da yapılan bir araştırmaya göre başarımızı belirleyen faktörlerden yalnızca yüzde 12,5 oranı bilgiye dayalı. Yüzde 87,5 gibi büyük bir oranı ise insan ilişkilerindeki yeteneğimiz belirliyormuş.

Karşımızdaki insanı önemli gördüğümüzde, ilgimizi yansıttığımızda bakış açımız onların da bakış açısına yansır. Bu hayat boyu aynı melodiyle dans etmenizi sağlar karşınızdaki her kimse. Bazısı buna elektrik der, bazısı frekans...

Birinci sınıf hizmet veren, Güney Kaliforniya'da bulunan bir benzin istasyonunun kapısının önünde şu satırlar dikkat çekiyor:

Müşterilerin vazgeçme nedeni:

%1 ölüm

%3 taşınma

%5 başka arkadaşlıklar

%9 rekabet

%14 ürün hoşnutsuzluğu

%68 çalışanların ilgisizliği!

İster çalışan, ister anne baba, öğretmen, isterse hasta, orkestra şefi, isterse itfaiyeci olun. Hayatın her aşamasında hem ilgi görmeye muhtacız hem de ilgi göstermeye.

Bakma Rabbim arada isyankâr tavırlarıma.
Affet.

Bakma umutsuzluğa düşüşlerime.
Umut bahşet.

İyi ki duayı yaratmışsın.
Ettikçe güzelleşiyor insanın içi.
Dua etmeyi nasip et.

İçine düştüğüm bu durum için uygun gördüğün neyse
benim gönlümden geçenden kat kat daha hayırlıdır.
Biliyorum Rab.
Hayırlı olanı nasip et...

Egosu beyninden büyük bir kral, ülkedeki sert zeminden rahatsız olduğunu, taşların ayağını acıttığını söyleyip tüm krallığın yerlerinin sığır derisiyle kaplanmasını emretti.

O sırada emre kulak misafiri olan sarayın maskarası bu fikre kahkahalarla güldü. Maskaraydı ama bilge bir adamdı.

"Neye gülüyorsun?" diye çıkıştı kral sinirle.

Dedi ki maskara: "Fikriniz, en basitinden söylemek gerekirse, çok komik."

Kral küplere binmişti ve maskaraya emretti: "Bana daha iyi bir seçenek söyle yoksa kellen gidecek!"

Maskara gayet sakin, "Efendim küçük bir sığır derisi parçasını kesip ayağınızı kaplayın" dedi.

Ve ayakkabılar bu şekilde doğdu.

Tüm dünyayı sığır derisiyle kaplamak yerine sadece ayağını kapla. O tüm dünyayı kaplar zaten. Bilgeliğin başlangıcı budur.

"Akıllı bir adam
senin can düşmanın olsa bile
cahil dosttan iyidir."
Firdevsi

Uzak Durmanız Gereken İnsan Tipleri

Şimdi elinize kâğıdı kalemi alın ve aşağıdaki maddelerden size uygun olanların karşısına birer tik koyun bakalım. Kaç tanesi sizin yaşamınızda yer alıyor. Göreceksiniz ki çoğu insan tipinin karşısında tik olmuş olacak. Hayat bu yüzden çok zor işte.

• *Sizi dinliyormuş, anlıyormuş gibi yapanlar.*

Dinlediği her şeyi bir gün aleyhinize bir durum oluşunca kullanabilirler. Uzak durun.

• *Herkese canım diyen, herkesle iyi geçinenler.*

Fikrini söylemekten âciz, herkesi onaylayan, kendi fikri olmayan, herkesle iyi geçinse bile kendiyle içinde çatışan insanladır. Uzak durun.

• *Sizi gereksiz yere strese sokanlar, daimi depresifler.*

Öyle stres yaratırlar ki, varlıklarının verdiği huzur, yarattıkları stresin yanında hissedilmez olur. Uzak durun.

• *Verilen ikinci şansı da kullanamamışlar.*

Çok az insanın hak ettiği şeydir. Muhtemelen pişman olacaksınız. Riske gerek yok.☺ Uzak durun.

• *Her konuda fikri olanlar.*

Hiçbir konuda bilgileri yoktur. Uzak durun.

• *Sizi kullanan insanlar.*

Bir ömür boyu verici olabilirsiniz, sorun değil. Ancak bu hep almakta olana vermekten ibaretse, uzak durun.

• *Sadece işi düşünce arayanlar, yanınıza uğrayanlar.*

Buna açıklama yapmaya gerek var mı? Kaçın!

• *Durmadan dedikodu yapanlar.*

Günah kardeşim, günah. Uzak durun.☺

• *Durmadan goygoy yapanlar.*

Zamanınızı çalan en tehlikeli tiplerdir.

• Yeni tanıştığınız halde size eşini, çoluğunu çocuğunu şikâyet edenler.

Neyine güveneceksiniz ki? Yarın da sizi kötüler zaten.

• Sürekli mızmızlanan ağlaklar.

Kendinizi sürekli onları teselli ederken bulursunuz. Zamanınıza yazık. Bir süre sonra da siz mızmızlanmaya başlarsınız. Bulaşıcıdır. Uzak durun.

• *Yakınınızdayken uzak olan insanlar.*

Etkisiz elemandırlar. Bunlar uzaktayken de bir şey değişmez zaten, boşuna vaktinizden olmayın. Siz uzak durun.

Bu dünyada en zoru da
yanlışı savunacak kadar ***cahil***
doğruyu göremeyecek kadar ***kör***
iyiliği inkâr edecek kadar ***nankör***
insanlarla yaşamak zorunda olmak...

Evet, evet...
Son günlerde daha iyi anladım ki
dünyanın en zor mesleği
"insan" olmakmış...

Dünyanın En Zor Mesleği

Ah şu insanlar. Rızkın Allah'tan geldiğini, uçan kuşun bile geçimini sağlayan Yaradan'ın, bizleri de tek başımıza bırakmayacağını hep unutuyorlar. Bir lokma ekmek için, doğru-yanlış, helal-haram demeden, birbirlerini çiğnemekten, hak yemekten çekinmiyorlar. Ve ömür boyu vicdanlarında bu kötülükleri taşımakla en çok kendilerine kötülük etmiş oluyorlar. Oysa tüm nimetler adaletle, hırs olmadan, hakça bölüşüldüğünde herkese yeter. Anlamak istemiyorlar.

Ah şu insanlar. Geçici dünya değerlerine, heveslerine körü körüne bağlanmış kölelik yapıyor, onları kasalarda saklıyor, sahip olmak için her çareye başvuruyorlar. Kimi malına mülküne, kimi ününe, kimi koltuğuna tutunmuş sımsıkı, kaybetmemek için çırpınıp duruyor. Materyalizm yolunda kayboluyorlar. Yolda düşen birini görseler hiç oralı olmayanlar, telefonlarını düşürseler içleri parçalanıyor. Halbuki gönüllerini yalnız tüm varlığımızı borçlu olduğumuz O'nun sevgisine açsalar, sahip oldukları her şeyi O'ndan emanet sayarak bir hayat sürseler daha huzurlu bir yaşama da kucak açmış olacaklar. Kaçırıyorlar.

Ah şu insanlar. Herkes bir şeyleri dost ediniyor kendine, ona gönül verip bağlanıyor. Bu sadece bir insan olmayabiliyor. Bazen bir bilgisayar oyununu, bazen cep telefonunu, bazen kötülük yapmayı, bazen çalıştığı işini... Ne yazık ki dost sandıklarının hemen hepsi onları yarı yolda bırakıyor. Oysa onları hiç bırakmayacak, ölümden sonra bile onların yanında gelecek dostları hep görmezden geliyorlar. Dost olarak iyilik yapmayı seçseler, hiç tükenmeyecek azığa ve gerçek dostlara sahip olacaklar. Fark etmiyorlar.

Ah şu insanlar. Yükselmek için birbirleriyle kıyasıya yarışıyorlar. Birbirinin üstüne basarak yukarılarda bir yerde yer edinmek istiyorlar. Acaba üstünlüğü ne sanıyorlar? Rütbe, terfi, çok para? Çoğu üstünlüğü yanlış yerlerde arıyor. Geçici dünyevi değerlere sahip olmayı üstünlük sanıyorlar. Kimse üstün olmayı akıl ve ahlakça yükselmekte, kötülüklerden uzak durup, iyiliklere kucak açmakta aramıyor. Unutuyorlar.

Ah şu insanlar. Yanı başında duranın kıymetini bilemiyorlar cidden. Sevgi körü dedikleri bu olsa gerek. İnsan arar, arar. Eline geçince de aradığı her ne ise kıymetli olmaktan çıkar. Hikâyeyi bilirsiniz belki de. Çiftçinin biri hazine aramak için yollara koyulur, adım atmadık, dolaşmadık yer bırakmaz bu uğurda. Bir türlü aradığı hazineyi bulamaz ve eli boş bir şekilde geri döner evine. Bu arada bahçesinin bakım zamanı gelmiştir. Bahçesindeki toprağı sürmeye başlar ve yıllardır başka yerlerde aradığı hazinenin aslında kendi bahçesinde olduğunu fark eder. İnsanlar da sahip oldukları şeylerdeki hazineleri keşfetseler nasıl mutlu olacaklar. Yapamıyorlar.

Ah şu insanlar. Herkes kendini hatasız sanıyor. Hata varsa da sebebini hep dışta arıyor ve çoğu zaman başkalarını suçluyorlar. Aslında insanı en büyük hataya yine insanın kendisi sürüklüyor, bilmiyorlar. Başlarına ne geliyorsa kendi elleriyle geliyor. Karşılarındakini suçlamayı bırakıp, kendileriyle savaşa tutulsalar, bu savaşı kazanacaklar. Bilmiyorlar.

Ah şu insanlar. Herkes bir dayanak arıyor. Güvenli bir liman, sırtını yaslayacak bir şey... Bazısı zenginliğinde, bazısı güzelliğinde arıyor bunu. Bunların hepsi fani, kısa süreli eğreti desteklerdir. İnsanlar yalnız O'na sığınıp yalnız O'ndan yardım dileseler, içlerini sonsuz bir huzur ve güven kaplayacak, sırtları yere gelmeyecek. Unutuyorlar.

Yaşlı bir adam. Yıllar önce kaybetmiş eşini. Çocukları da evlenmiş, farklı şehirlerde yaşıyorlar. Adam köyde yıllardır yalnız başına bir hayat sürüyor. Tek geçim kaynağı damızlık bir boğa. Evinin üst katında yaşlı adam yaşıyor, alt katı ise ahır olarak kullanıyor.

Karlı bir kış günü. Uzun zamandır evde tek başına kalmaktan sıkılan adam arkadaşlarıyla meyhaneye gitmiş.

Günlerdir kar altında aç dolaşan bir aslan, yiyecek bulmak için dağdan köye inmiş. Yaşlı adamın evindeki ahıra girmiş ve boğayı yemiş. Karnını iyice doyuran aslan ahırda bir güzel uyumaya başlamış bu ziyafetin üstüne.

Gece geç vakit yaşlı adam meyhaneden çakırkeyif dönmüş. Her zaman yaptığı gibi, önce ahıra uğramış. Her yer zifiri karanlık. Boğa zannettiği aslanın sırtını sıvazlamış bir güzel. "Aman sen hep iyi ol. Her şeyim, benim en değerli varlığım" demiş. Üst kata çıkmış, uyumuş.

Aslan zaten karnı tok. Sesini çıkarmadan izlemiş adamı. Sonra kendi kendine söylenmiş: "Cahillik de işte böyle bir şey. Benim aslında kim olduğumu bilse, ne gelir okşar ne de yukarıda gönül rahatlığıyla uyuyabilir."

"Dünyanın en büyük problemi,
akılsız ve fanatik kişilerin
kendilerinden son derece emin olması
buna karşılık zeki insanların sürekli şüpheler
içinde olmasıdır."
Bertrand Russell

Cahil Cesareti

Cahillik mutluluktur. Çünkü bilgi, sorumluluk ve eylem gerektirir. Düşünmeyi gerektirir. "Düşünen adam, düşüncesiz olanın hakkında hiçbir şey bilmediği, ahlaki bir bozulma haline gelebilecek bir ıstırap çeker" der Kant.

Almancada çok hoşuma giden şiirsel bir kelime var: Fernweh. "Uzakları özlemek, hiç bilmediği, tanımadığı bir yerin özlemini duymak, uzağı özlemek, gitmek istemek" gibi tam olarak Türkçe karşılığı olmayan anlamlara geliyor.

Bu istisnai bir durum olmakla birlikte genelde ise durum şöyledir:

Hiç bilmediği bir yemeği arzulamaz insan. Varlığından haberdar olmadığı birine özlem duymaz. Bilgisizlik de böyle işte. Bu yüzden az bilgi çok huzur getiriyor. Ama kısa vadede elbette. Çünkü dünya dönüyor ve sen bilmiyorsun diye hiçbir şey var olmaktan vazgeçmiyor.

Cornell Üniversitesi akademisyenlerinden David Dunning ve Justin Kruger, 1999 yılında yaptıkları bir dizi test/deney sonucu Dunning-Kruger etkisi olarak bildiğimiz bazı sonuçlara ulaşır.

Teorileri özetle "Cehalet, gerçek bilginin aksine, bireyin özgüvenini artırır" der. Tıpkı aslanı okşayan ve üst katta huzurla uyuyan yaşlı amca gibi değil mi?

Test şöyle yapılmış: Cornell Üniversitesi'nden denek olarak 45 öğrenciye çeşitli sorular soruluyor. Sonrasında öğrencilerden "testin sonucunda ne kadar başarılı olacaklarını tahmin etmeleri" isteniyor.

Tahminler ise şu şekilde:

- En başarısızlar –testte yüzde 10 ve daha az doğru cevap verenler– testin yüzde 60'ına doğru cevap verdiklerini söylüyorlar. Hatta iyi günlerinde olsalar yüzde 70'e ulaşabileceklerine inandıklarını iddia ediyorlar.
- En iyiler –testten en az yüzde 90 doğru sonuç alanlar– soruların yüzde 70'ine doğru cevap verdiklerini düşünüyorlar. Bunlar en alçakgönüllü denekler oluyor aynı zamanda.

Bu arada iş hayatım boyunca, gerçekten yetenekli ve bilgili olan insanların "alçakgönüllü" davranarak ön plana çıkamadıklarına, kendilerine haksızlık edildiğine, kıymetlerinin bilinmesini beklediklerine ve genelde de hak ettikleri değeri görmediklerine birçok kez şahit oldum. Sonrasında da motivasyon düşüklüğü yaşayıp işvereni tarafından ilgisiz, amaçsız bir çalışan olarak nitelendirilenler bile oldu.

İşinde çok iyi olduğunu düşünen ve aslında "yetersiz" olanların ise kendini ve yaptıklarını olduğundan fazla göstermekten, ne iş olsa yaparım şeklinde öne çıkmaktan hiçbir rahatsızlık duymadıklarına ve işverenin gözdesi olduğuna da defalarca şahit oldum.

DUNNING-KRUGER ETKİSİ

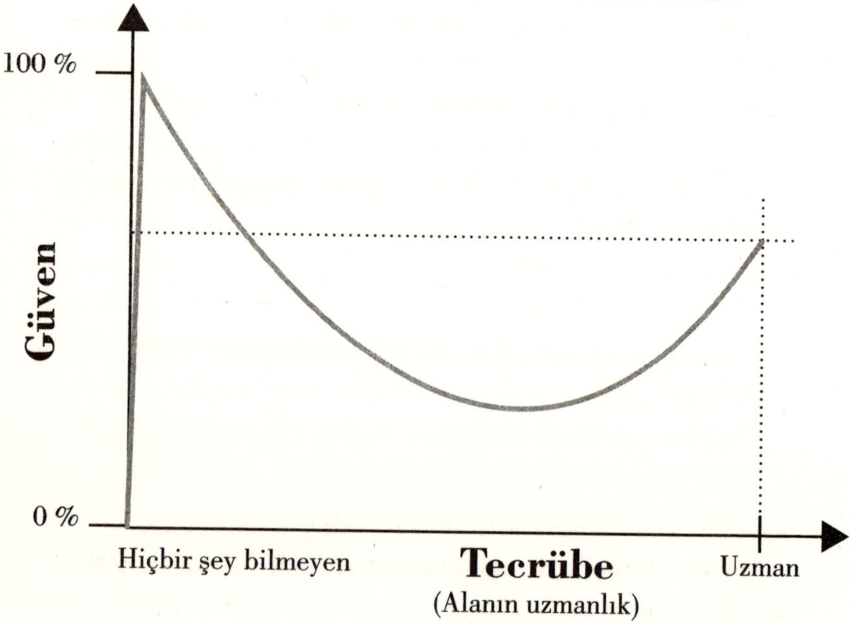

Şimdi diyeceksiniz ki kimse bilmediği bir işe koyulmasın, bilmiyorsa öylece otursun o zaman! Elbette cahil cesareti ile girişkenlik/yaratıcılık farklı şeyler. Bir örnekle açıklayalım:

Virgin Airways'e daha önce denk gelmiş, kullanmış olanlarınız vardır. British Airways'in ciddi bir rakibidir. 1980'lerde British Airways'in "10 Haziran tarihinde 5200 kişiyi Londra'ya promosyon olarak bedava uçurma" kampanyasına, "Sizi Londra'ya mümkün olan en ucuz şekilde götürmek Virgin'in her zamanki politikası olmuştur. Bu nedenle 10 Haziran'da British Airways ile uçmanızı diliyoruz. Yılın geri kalan zamanlarında ise en iyi hizmeti, en düşük fiyatla sağlayan Virgin Airways ile uçmanız dileğiyle" şeklinde cevap vermiş bir şirkettir.

Her ne kadar 5 saatlik bir uçuşumda yemek bile ikram etmeseler de ☺ kuruluş, öyküsü ilham veren bir hikâyeye sahip. Sir Richard Branson, sıfırdan yarattığı bu büyük şirketin temelini nasıl attığını şöyle anlatıyor:

"Planımız Porto Riko'ya yolculuk etmekti, ancak havaalanına geldiğimizde uçuş iptal edilmişti. Herkes söyleniyor ve şikâyet ediyordu. Kimse bir şey yapmıyordu. O zaman ben yapmaya karar verdim. Birisi yapmalıydı. 2.000 dolara bir dolmuş uçak kiraladım. Bu parayı oradaki kişi sayısına böldüm. Adam başı 39 dolar. Bir siyah tahta alıp üzerine şunları yazdım:

VIRGIN AIRWAYS – PORTO RİKO – 39 $ TEK UÇUŞ

Daha önceden hiç uçak kiralamamıştım..."

Virgin Airways şu an yenilikte ve kalitede son raddeye ulaşmış bir şirket.

"Cehalet, gerçek bilginin aksine, bireyin kendine olan güvenini artırır" der özetle Dunning-Kruger.

Ve nihai bulguları şu şekildedir:

- Niteliksiz insan, ne kadar niteliksiz olduğunu fark edemez.
- Niteliksiz insan, sahip olduğu özellikleri abartma eğilimindedir.
- Niteliksiz insan, gerçekten nitelikli olan insanların bu özelliklerini anlamaktan âcizdir.
- Eğer nitelikleri, belli bir eğitimle artırılırsa, aynı niteliksiz insanlar niteliksizliklerinin farkına varabilirler.

Vazgeçmek, her zaman, birini terk etmek
veya bir şeyden el çekmek anlamına gelmez.
Öyle anlar vardır ki vazgeçmek kurtulmaktır.
Onsuz yapamam sandığın her neyse
senin bir parçan mı
yoksa hayatını karartan bir engel mi
bunu ondan kurtulmadan anlayamazsın.
Bazı kararlar cesaret ister.
Ve bazı kararlar da an meselesidir.
Biraz sancılı bir süreç belki ama
sonrası kendini bulabilme meselesidir.

Hayatta en büyük saflık, seni seven kişi için vazgeçilmez olduğunu sanmaktır. Halbuki kimse vazgeçilmez değil.

Bırakmayı Öğren

Bazı insanlara bir şeyler öğretebilmenin en iyi yollarından biri de bunu örneklerle göstermektir. Konfüçyüs de böyle düşünüyor olacak ki bir gün sınıfın karşısına geçti. Bir vazo aldı eline, öğrencilerin görebileceği şekilde havaya kaldırdı. Diğer elinde de bir elma tutuyordu. Öğrenciler merakla ne olacağını izlerken, Konfüçyüs elmayı vazonun içine bıraktı, vazoyu masaya koydu ve şöyle dedi:

"Elmayı vazodan kim çıkarabilirse, elmayı yer."

Çocuklardan biri atıldı öne, elini vazonun dar ağzından içeri soktu. Elmayı tuttu, çıkarmaya çalıştı, ama başaramadı. "Elimi çıkaramıyorum!"

Konfüçyüs:

"Elmayı böyle sıkıca tutmaktan vazgeçmediğin sürece, elini çıkarman imkânsız" dedi.

Ama çocuk elmayı bırakmak istemiyordu; sahip olma dürtüsü böyle bir şeydi galiba. Vazonun ağzında sıkışan eli acıyordu, ama elmadan da vazgeçemiyordu. Sonunda zorunlu da olsa bıraktı elmayı. Elini vazodan çıkardığında, şaşkınlığı yüzünden okunuyordu.

Konfüçyüs, vazoyu masadan alıp ters çevirdi. Elma vazonun içinden yuvarlanıp avucunun içine düştü. Sınıftaki çocuklar gülmeye başladı. Ne kadar basitmiş halbuki!

Aslında bu, göründüğü kadar basit değil. Bazen bir şeyi gerektiğinde bırakabilmek, oldukça zor bir sınavdır. Bir şeyi zorla tuttuğunuzda, ulaşmak istediğiniz hedefi engellediğini görüyorsanız, onu özgür bırakmak gerekir. Eğer yanlış bir şey yapıyorsanız, buna bir son vermelisiniz. Başkalarına ve özellikle de kendinize karşı dürüst davranmıyorsanız, bu yalana hemen son vermelisiniz. İşte, ancak o zaman hedefinize ulaşabilirsiniz.

Başarının ve dolayısıyla mutluluğun sırrı basit:

İstediğin her şeye sahip olma arzusu yorar insanı. Tam tersine, sahip olduğun her şeyi istemek ise hayata bağlar.

İnsan istediği her şeye sahip olamıyor, her şeyi elinde tutamıyor. Zaten sizin olmayan şeyleri elinizde tutmaya çalışarak, hayatı yaşama fırsatını elinizden kaçırmayın. Bazı şeyler vardır ki ondan uzak durmak ona sahip olmaktan çok daha faydalıdır. Vazgeçmesini bilin.

Japon bilimadamı Mesaru Emoto kelimelerin gücünü göstermek amacıyla bir deney yaptı. Bir miktar pirinç kaynatılarak üç eşit kaba paylaştırıldı. Kapların birine pozitif, birine negatif ve diğerine ise nötr sözler yazılı etiket yapıştırıldı.

İlk iki kavanoza bir ay süreyle her gün, üzerlerinde yazılı olan sözcükler söylendi. Üçüncü kavanoz ile hiç ilgilenilmedi.

Ay sonunda; ilk kavanozdaki pirinçler söylenen pozitif sözcüklerin etkisiyle gayet sağlıklı bir şekilde büyüdü. İkinci kavanozdaki pirinçler ise negatif söylemlerin etkisiyle simsiyah oldu ve kokmaya başladı. Son kavanozdaki pirinçlerde de yer yer küflenenler, yosun tutanlar gözlemlendi. İlginç değil mi?

Sevginin gücüne, deney de gösteriyor ki, hiçbir şey kayıtsız kalamıyor.

Kelimelerinize sevginizi yansıtın. Bir pirinci bile bu kadar etkileyen söylemler, karşımızdaki insanı nasıl etkiler acaba? Düşünmekte fayda var.

Kelimelerin Gücü Adına

Beynimiz kelimeler vasıtasıyla düşünür. Düşünceyle de duygusal tepkiler gösterir. Bu duygulanım durumuna göre ise davranış sergiler. Dolayısıyla sergilediğimiz davranışların özünde beynin algıladığı kelimeler vardır. Dil neyi çok söylerse bilinçaltı onu gerçek olarak görür, beyin de onu gerçekleştirmek için harekete geçer. Hani "Bir insana kırk kere deli derseniz deli olur" derler ya. Olayın özeti bu.

Kelimeler büyülüdür. Kullandığımız her sözcükle aslında kendinize yeni bir yaşam yaratırsınız. İnsanın kaderini düşünceleri çizer.

İki kişi bir araya geldiğinde, dikkat edin, özellikle bizim kültürümüzde hep bir ağlamaklıdır konuşmalar. Kimseye para yetmez, neredeyse tüm anne babaların çocukları yaramazdır, bütün patronlar sert, bütün işler yoğundur, sınavlar hep zordur. Birileri hep hasta hisseder.

Aslında kullanılan her sözcükle bir anlaşma yaparız. Mesela hep sabır dileriz dua ederken, dolayısıyla sabır gerektirecek olaylara, daha dua ederken hoş geldin deriz.

Rivayete göre Peygamber efendimiz bir hasta ziyaretinde hangi duaları ediyorsun diye sorduğunda hasta "Allah'tan sabır diliyorum" demiş.

Bunun üzerine Peygamberimiz "Hastalığın için sabır dilemek yerine neden 'Rabbena atina...' (Ya Rabbi bana dünyada da ahirette de iyilik ver) duasını okumuyorsun?" demiş.

Bilinçaltı olumsuzluk odaklı çalışır. İlkokul sıralarında arkadaşlar arasında birbirimize şu soruyu sorar, düşünmeden cevap verilmesini ister ve cevabına kahkahalarla gülerdik: "Eşekten farkın var mı?"

Verilen cevap çünkü genelde hayır şeklinde olurdu. Hayır, hayır. Eşekten farkım yok!

Bilinçaltı eşek gibi kötü anılan bir hayvana odaklanmıştır bu durumda. Karşıdaki de sorulan soruya hemen hayır cevabını vererek "Ben eşek değilim!" demek istemiş, bunu reddetmeye çalışmıştır aslında.

Nörolog Andrew Newberg ve iletişim uzmanı Mark Robert Waldman, kelimeler ile beyin arasındaki ilişkiyi saptayabilmek için bir dizi araştırma yürütmüş.

Pozitif anlam taşıyan; aşk, pembe, sevgi, barış, kardeşlik, cennet gibi kelimelerin bilişsel muhakeme yeteneğimizi artırdığını tespit etmişler.

Aksine; savaş, ölüm, Azrail, kan, şeytan, nefret, ceset, kara vb. kelimelerin kullanımının ise özellikle nöro-kimyasalların salgılanmasını engelleyerek insanı strese sürüklediğini belirtmişler.

Konuyla ilgili, 35-54 yaşları arasındaki bir grup yetişkine yapılan bir deneyde gün içinde iyi giden 3 şeyi her gün yazmaları isteniyor. 3 ay süren deney sonunda deneklerin mutluluk seviyelerinin düzenli şekilde artış gösterdiği, depresyon seviyelerinin ise düştüğü fark ediliyor.

Negatif anlam taşıyan kelimeler kullanıldığında beynin amigdala bölümü harekete geçiyor. Ve vücuda gerginlik yaratacak olan hormonlar salgılanıyor. Muhakeme ve mantık yeteneğimiz düşüyor ve stres yaşanıyor.

Geçenlerde işyerinde bir arkadaş sunum yapmıştı. Bitiminde merakla bizlere sunumun nasıl olduğunu sordu. Diğer bir arkadaş yorum yaptı:

"Sunum çok güzeldi ama el notlarına biraz fazla baktın."

Halbuki bunu "El notlarına biraz fazla baktın ama sunum çok güzeldi" şeklinde ifade etseydi kırıcı bir eleştiri olarak algılanmazdı. Arkadaşın da morali sanırım bozulmazdı.

Unutmayın ki "ama"dan sonra gelen cümleler ciddi hassasiyet barındırır.

Özetle:

- Bir şeyi hatırlamak/hatırlatmak istiyorsanız, "Unutma!" dediğinizde beyin onu "Unut!" olarak alır. Onun yerine "Aklında tut!" deyin.
- Stres yapan, panik içinde birini gördüğünüzde "Panik yapma!" yerine "Sakin ol" cümlesini seçin.
- "Bugün hava çok güzel ama yarın yağmurluymuş" yerine "Yarın yağmurlu olsa da bugün hava çok güzel" deyin.
- "Ben hasta olmak istemiyorum" yerine "Ben gayet sağlıklıyım" deyin.
- Bu örnekleri çoğaltmak mümkün. Siz siz olun kötüyü kendi elinizle, kendi kelimelerinizle çağırmayın. İyi düşünün, iyi söyleyin, iyi olsun.

Güveninin sarsılması çok ağır bir durum.
Biri sana içten gelse de, samimi bulsan da
hiçbirine inanamıyorsun artık.
İnanmak istiyorsun ama içinden gelmiyor.
Riske de atamıyorsun.
Çünkü güvenin bir kez kırıldı mı
doğruları bile sorgulamaya başlıyorsun.

Ne mi yoruyor insanı en çok?
Samimiyetsiz samimiyetler.

Evvela Samimiyet

Zordur samimiyeti bulmak, başkasına sunmak. Çünkü adını koyamazsın, ayrımını yapamazsın. Gereksiz insanlara bolca sunar, sonra pişman olursun. Bazen de temkinli davranır, kendini uzakta tutarsın. İş işten geçer, zamanı gelir yine pişman olursun.

Bizde çoğu zaman laubalilik ile karıştırılır. Halbuki güveni ve içtenliği barındırır samimi olmak.

Kim anlatmıştı hatırlamıyorum. Aklımda kalan bir hikâye var. Bizden bir gazeteciyi, kuzey ülkelerinden yine bir gazeteci olan arkadaşı ziyarete geliyor. Sohbet sohbeti açıyor. Bizimkisi bir ara, artık komik olan her ne ise, kahkahalarla birlikte yabancı gazetecinin sırtına bir tane şaplak atıyor. Bizim kuzeyli afallıyor. Yadırgıyor bayağı olayı. Durduk yere bu adam bana niye vurdu diye küsüyor, bir daha konuşmuyor. Bizimki de ne olduğuna anlam veremiyor.

Yıllar geçiyor. Bizim gazeteci yurtdışı savaş muhabiri olarak Kâbil'e gidiyor. Bir sokakta insanlar birbirlerine taş atıyorlar. Taş dediğime bakmayın, yumruk büyüklüğünde belki her biri. Kafayı gözü yaranlar, düşenler kalkanlar. Ama bir yandan da gariptir gülenler var aralarında.

Bizim gazeteci izlediklerinden şaşkın, rehberine soruyor: "Hayırdır, kavga mı ediyorlar? Sorun nedir?"

"Yok, yok..." diyor rehber. "Şakalaşıyorlar. Baksana şu kafası yarılan adam hâlâ gülüyor."

Bizim gazeteci samimiyetin ne olup ne olmadığını orada anlıyor, bir daha da el şakası yapmıyor samimi olduğu insanlara.

Herhangi bir ilişkinin olmazsa olmazıdır samimiyet. Kendi yoksa ilişki de yoktur aslında. Hırçın bir rüzgârın alıp götürdüğü bir uçurtma gibi, ilişkiyi de bir ağacın en olmaz dalına takar samimi olmayan bir ilişki.

Ne yaşla ilgisi vardır, ne akılla, ne de çok okumakla. İnsan nasıl ki kendine yakışanı giyiyorsa, yakışmadığını düşündüğünü de karşısındakine giydirmemelidir. Bir nevi boy aynasıdır samimiyet aslında.

Tek ihtiyacıdır insanın: Samimiyet, samimi niyet.